나라와 교회를 생각한다

나라와 교회를 생각한다

지은이 | 홍정길·최종상
초판 발행 | 2021. 12. 10
5쇄 발행 | 2021. 12. 28
등록번호 | 제1988-000080호
등록된 곳 | 서울특별시 용산구 서빙고로 65길 38
발행처 | 사단법인 두란노서원
영업부 | 2078-3352   FAX | 080-749-3705
출판부 | 2078-3331

책값은 뒤표지에 있습니다.
ISBN 978-89-531-4122-3 03230   Printed in Korea

독자의 의견을 기다립니다.
tpress@duranno.com   www.duranno.com

두란노서원은 바울 사도가 3차 전도여행 때 에베소에서 성령 받은 제자들을 따로 세워 하나님의
말씀으로 양육하던 장소입니다. 사도행전 19장 8-20절의 정신에 따라 첫째 목회자를 돕는 사역과
평신도를 훈련시키는 사역, 둘째 세계선교(TIM)와 문서선교(단행본·잡지) 사역, 셋째 예수문화 및 경배
와 찬양 사역, 그리고 가정·상담 사역 등을 감당하고 있습니다. 1980년 12월 22일에 창립된 두란
노서원은 주님 오실 때까지 이 사역들을 계속할 것입니다.

나라와
교회를
생각한다

홍정길 · 최종상 대담집

두란노

차례

1부_ 위대한 조국 대한민국

책을 출간하며 _____

이 땅에서 80년을 숨 쉬며 살아왔습니다. 제가 태어난 땅에서 사랑할 수밖에 없는 나의 가족, 주변 사람들과 더불어 지금까지 살아오면서 있었던 많은 일들이 주마등처럼 머릿속을 스쳐 지나갑니다. 예수 그리스도를 구세주와 주님으로 영접했던 영광스러운 일과 그동안 겪었던 수많은 사건이 떠오릅니다. 일제 강점기에 태어나 5살에 해방을 맞았고, 초등학교 4학년 때 6.25 전쟁을 겪었습니다. 성인이 되어서는 '자유'라는 단어에 대한 고민으로 대학에 입학했습니다.

그리고 4.19 혁명을 겪으면서 처음으로 국가에 관해 진지하게 고민하게 되었고, 존 F. 케네디(John F. Kennedy)가 미국 제35대 대통령에 취임하면서 빅터 프랭클(Viktor Frankl)의 글을 인용하여 "국가가 당신을 위해 무엇을 할 수 있는지 묻지 말고, 당신이 국가를 위해 무엇을 할 수 있는지를 물어라"라고 한 연설을 마음에 새겼습니다.

그러나 곧 5.16 군사정변이 일어나 군정이라는 긴 터널을 지나야 했습니다. 연이어 3선 개헌, 유신 헌법 제정, 박정희 대통령 시해 사건, 12.12 사태 등을 겪었고, 전두환 신군부의 등장, 1987년 6.29 민주화 선언을 거처 문민정부 시대의 수평적인 정권 이양과 세대교체를 경험했으며, 박근혜 대통령의 당선으로 미국도 이루지 못한 역사상 첫 여성 대통령이 탄생하는 것을 지켜봤습니다.

저는 이 모든 일을 겪어 오면서 이 땅에서 살아가는 그리스도인으로서 어떤 생각을 하고 어떤 삶을 살아야 하는가를 조용히 생각하고 또 생각해 보았습니다. 그리고 이것은 그냥 제 경험으로만 남겨 둘 것이 아니라 후대를 위해 기록으로 반드시 남겨야 한다는 주변의 강력한 권고로 최종상 선교사와 함께 대담 형식으로 글을 풀어 남기기로 했습니다. 대담 형식의 글이 다소 낯설기는 하지만, 오히려 틀에 간힌 형태가 아니라서 제가 살아온 세월의 경험과 생각을 자연스럽게 전할 수 있게 된 것 같아 감사했습니다. 게다가 제 지난 삶을 정리하는 좋은 기회가 되었습니다.

제 개인의 삶이자 우리 사회의 역사이기도 한 이 모든 일을 되새겨 보니 은총의 세월을 살았다는 감사와 감격이 넘칩니다. 그리고 우리나라가 이처럼 엄청난 축복 속에 여기까지 왔다는 사실에 가슴속 깊은 곳에서부터 감사가 용솟음칩니다. 바라기는 이처럼 놀라운 축복이 당대에 끝나지 않고, 사랑하는 손자들에게 반드시 전수되기를 원합니다. 그래서 한 인생을 향해 하나님이 주신 가장 큰 축복인 "나는 네 조상의 하나님이니 아브라함의 하나님, 이삭의 하나님, 야곱의 하나님이니라"(출 3:6)라는 말씀을 신앙 고백하는 축복이 후대에 함께하기를 소원합니다.

목사가 통일 문제나 정치 현안을 거론하는 경우를 거의 보지 못했지만, 이 땅에서 살아왔기에 발언해야만 했습니다. 그동안 국가를 염려하는 마음으로 거론했던 여러 의견을 종합하여 책을 냅니다. 모세가 신명기를 통해 출애굽 과정을 말했듯이, 도무지 될 수 없는 글이지만 삶으로 주신 축복을 책으로 엮으려 심혈을 기울였습니다.

80년을 살아온 '인생 보고서'라고 해도 좋고, 이 땅에서 모태 신앙인으로 태어나 걸어온 80년의 여정이라고 해도 좋겠습니다. 실제 삶을 담은 진실한 책을 내기 위하여 꼼꼼하면서도 치밀한 사고력을 지닌 최종상 선교사의 도움을 받았습니다. 이 책을 출판하기까지 주변의 많은 사람들이 관심을 가져주었고, 특별히 성현경 자매가 주무를 맡아 도와주었습니다. 수고하신 분들의 노고로 이 책이 출간됨을 진심으로 감사드립니다.

마지막으로, 목회자로 살아온 제 경험이 자라나는 그리스도인들과 특별히 목회자들에게 도움이 되었으면 하는 바람과 더 나아가 이 나라가 바로 걷는 데 조금이나마 쓰임 받기를 원하는 마음으로 글을

마무리합니다. 부족한 것이 많지만 이 책을 읽는 독자들에게 조금이
라도 도움이 되기를 바랍니다.

홍정길 목사

인터뷰를 청하며 _____

홍정길 목사님은 교단을 초월하여 한국 교회는 물론 한국 사회에도 선한 영향력을 끼쳐 온 이 시대의 뛰어난 영적 지도자 중 한 분입니다.

홍 목사님은 지역 교회 목회, 해외 선교, 학생 선교 활동 등은 물론 기독교윤리실천운동에도 적극적으로 참여하셨고, 남북나눔운동을 통해 30여 년 동안 대북 지원을 이끄시기도 했습니다. 특히 밀알학교와 한국굿윌-함께하는재단의 굿윌스토어를 통해 우리 사회에서 소외된 여러 장애인을 교육하고, 자활 기반 마련을 위한 직업 훈련 등에 지원을 아끼지 않고 계십니다.

일제 강점기에 태어나 해방을 맞으셨고, 6.25 전쟁, 4.19 혁명, 5.16 군사정변 등을 겪고, 산업화 시대와 민주화 시대를 거쳐 80여 생을 살아오신 만큼 우리나라 현대사의 산증인 중의 증인이라고 할 수 있습니다. 목회자의 길을 걸으며 한평생 성경을 가르치고 설교하면서 말씀과 일치되게 살려고 노력하며 기독 정신으로 보다 나은 사회를 만들려고 애써 오신 분입니다. 그래서 존경받는 종교 지도자가 되셨습니다.

또한 대통령 후보들과 여야 정치인들이 조언과 생각을 듣고자 찾아오는 몇 안 되는 목회자 중 한 분이기도 합니다. 꼭 필요하다면, 보수나 진보 진영을 막론하고 대통령을 비롯한 정치권에 고언(苦言)을 서슴지 않지만, 무례하거나 섣부르게 하시지는 않습니다.

사역하는 동안 한국 교회의 성장기를 보셨고, 세계 선교의 시발과 성장도 보아 오셨습니다. 그만큼 한국 교회에 관한 경험과 생각이 많으십니다. 이제는 정체기를 지나 감소기에 접어든 한국 교회를 보면서 하실 말씀이 많을 것 같았습니다. 그중 얼마라도 모아 한국 교회의 가르침과 유산으로 삼고 싶은 마음이 들었습니다.

원래는 "한국 교회에 고함"과 같은 주제로 책을 쓰시면 좋겠다고 편지로 제안드리고, 목사님 댁을 방문하여 긴 시간에 걸쳐 꼭 써 주실 것을 부탁드렸습니다. 결국, 어렵게 승낙을 받았지만 몇 주가 지난 후에 여쭈어 보니 거의 시작도 못 하신 상태였습니다. 여러 일로 집중할 수가 없으셨던 것 같았습니다. 그래서 인터뷰로 대신하면 어떨까 하고 제안드렸는데, 다행히 동의해 주셨습니다.

그러는 사이에 《하나님의 이름은 자유입니다》(크리스찬서적)라는 소책자가 발간되어 좋은 반향을 얻었습니다. 2020년 4.15 총선을 앞두고 현 정권에 실망을 나타낸 정치적 발언을 하신 것이 도마에 오른 적이 있는데, 그때 하신 설교가 이 소책자에 실려 있습니다. 또한 2016년 11월에 박근혜 대통령의 하야를 촉구했던 것과 관련하여 정체성에 대한 의문과 오해를 받기도 하셨지만, 목사님은 평소 어떤 해명이나 설명을 할 생각이 없다고 말씀해 오셨습니다.

사실, 홍 목사님처럼 관심과 존경을 한 몸에 받는 교계 원로라는 위치는 처신하기가 참으로 어려운 자리인 것 같습니다. 성도들은 물론 일반 국민들도 정치 현안에 대해 말씀해 주시길 기대하기 때문입니다. 그런데 보수 쪽에 유리한 발언을 하시면 진보 쪽에서 비난하고, 진보 쪽 입장의 발언을 하시면 보수 진영에서 비난합니다. 같은 진영이라 하더라도 더 충분히 확실하게 말씀하시지 않는다고 서운해하면서 자신들이 원하는 쪽으로 좀 더 선명하게 입장 표명을 해달라고 주문하기도 합니다. 정치적 중립을 지킨다며 가만히 계시면 나라가 어려운데 원로의 역할을 못 하고 몸을 사린다고 비난하기 일쑤입니다. 이래도 저래도 오해와 비난을 면하기 어려울 것입니다. 그럼에도 불구하고 '자유'는 성경적 언어이면서 동시에 정치적 언어이기도 하므로 대한민국 사회와 정치 체제에 대한 질문을 하지 않을 수가 없었습니다.

인터뷰는 2021년 7월 21-22일 밀알학교 일가홀에서 진행했습니다. 제가 질문 초안을 만들어 목사님께 미리 보내 드렸고, 8월 초에 추가 질문을 가지고 다시 찾아뵈었습니다. 대한민국과 한국 교회라는 큰 틀에서 대담을 나누었는데, 인터뷰가 진행되고 원고를 다듬는 과정에서 깊은 관심을 가지고 적극적으로 임해 주셨습니다. 메모지 한 장 없이도 시사 이슈에 관한 폭넓은 견해를 거침없이 펼치셨으며, 대화를 통해 목사님의 해박한 지식과 균형 잡힌 역사관과 깊은 신앙심을 엿볼 수 있었습니다.

이 책에서 다루는 주제는 방대합니다. 자유, 정치 체제, 북한, 통일, 한국 교회의 저력과 비호감, 감소 추세, 신학 교육, 전도, 선교, 복음과 삶, 포스트 코로나 등. 그 어느 하나를 가지고도 한 권의 책이 나올 만하지만, 인터뷰 형식이므로 짧게 언급하실 수밖에 없는 한계가 있었습니다. 또한 제가 드린 질문이 목사님의 넓고 깊은 생각을 다 담아내기에는 부족한 면이 있었습니다.

그중 정치나 시사성 있는 주제는 독자에 따라 호불호가 있을 수 있습니다. 그러나 열린 마음으로 끝까지 읽으시면, 홍 목사님이 우리나라와 한국 교회를 깊이 사랑하시고, 안타까운 마음과 충정에서 고언을 하신 것과 또 나라와 교회를 여기까지 인도하신 하나님을 신뢰하여 희망에 차 계심을 확인하실 수 있을 것입니다. 더 나아가 세간에 알려지지 않은 뒷이야기도 많이 들려주셨기에 독자들이 흥미 있게 읽으실 것 같습니다.

독자들 가운데 최종상 선교사가 어떻게 이 인터뷰를 진행하게 되었는지 궁금해하시는 분들이 있을 것 같습니다. 홍정길 목사님은 故 옥한흠 목사님과 함께 저의 삶과 사역의 고비마다 항상 함께 해 주셨던 멘토입니다. 로고스 선교선에서 5년간 사역하고 나서 1984년에 영국 런던으로 유학 가는 것과 박사 과정을 밟는 것, 영국인들을 대상으로 교회를 개척하고 목회하는 것, 둘로스 선교선에 단장으로 가는 것이나 암노스유럽선교회를 세워 영국과 유럽의 재복음화에 매진하는 것 등 모든 일을 두 분 목사님과 상의했습니다. 두 분의 조언과 축복과 기도와 지원으로 이 모든 일이 가능했습니다.

아내 윤명희 선교사는 홍 목사님이 남서울교회를 개척하시던 초기부터 그 교회를 다녔고, 당시 목사님은 청년 윤명희를 로고스 선교선에 선교사로 파송하기로 결정해 주셨습니다. 제가 로고스호에서 잠시 내려 윤 선교사에게 프러포즈를 하자 출국을 늦추고 결혼부터 하는 것이 좋겠다고 조언해 주시기도 했습니다. 결혼하고 두 달 후인 1982년 1월 저희 부부가 로고스호로 떠난 후부터 오늘까지 한결같이 저희를 사랑으로 지도해 주시는 '큰 바위 얼굴'(Great Stone Face) 같으신 분입니다. 저희는 홍 목사님에게 많은 사랑의 빚을 졌습니다. 많은 사랑을 받았음에도 불구하고, 42년 넘게 해외에서 사역하다 보니 목사님을 가까이서 보필하지 못했습니다.

그런데 이번에 일시 귀국해서 보니 목사님이 어느덧 팔순을 넘기신 것을 깨달았습니다. 아직 건강하시지만, 앞으로 얼마나 더 건강을 유지하면서 우리나라와 한국 교회와 후배들을 위해 가르침을 주실 수 있을까 생각하지 않을 수 없었습니다. 그래서 목사님이 맑은 정신과 기억력으로 어려움 없이 말씀하실 수 있을 때, 목사님의 가슴 깊은 곳에 있는 대한민국과 한국 교회를 향한 생각과 열망과 기도를 받아 모아 두고 싶은 마음이 들었습니다. 제 마음이 더욱 간절한 것은 모처럼 고국에 오래 머물며 이 땅의 현실을 경험해 보니 우리 사회와 교회가 제가 사역하고 있는 영국과 영국 교회의 안타까운 전철을 밟고 있는 것 같기 때문입니다.

인터뷰를 진행하고 원고를 정리하면서 제 자신이 큰 도움과 배움을 얻었습니다. 인터뷰에 응해 주시고, 솔직하고 진지하게 말씀해 주신 홍 목사님과 초고를 미리 읽고 도움을 주신 여러분에게, 또 이 책을 잘 다듬어 출판해 주신 두란노서원에 감사드립니다. 무엇보다도 홍정길 목사님 같은 분을 한국 교회와 우리나라에 허락해 주시고, 우리의 귀감이 되도록 그 삶과 사역을 이끌어 주신 하나님께 깊이 감사드립니다.

홍정길 목사님이 대담에서 들려주신 진솔한 말씀이 독자들 개인과 한국 교회와 이 나라의 보다 나은 미래를 위한 길잡이가 되기를 소원하며 기도합니다.

최종상 선교사

위대한 조국

대한민국

1. 무엇을 남길 것인가

사역자는
은퇴해도 현역이다

최종상　목사님, 안녕하십니까? 일선 담임 목회에서 은퇴하신 지 거의 10년이 되어 갑니다. 은퇴하신 후에도 많이 분주하셨을 것 같은데, 주로 어떤 일에 주력해 오셨습니까?

홍정길　은퇴하자마자 숙제가 하나 있었어요. 1975년에 남서울교회를 개척하고 나서 다음 해 김정웅 선교사를 태국에 파송했습니다. 목회 초기부터 선교에 관심이 있었고, 목회 중에도 선교를 지원해 왔기에 은퇴 후에도 선교에 쓰임 받길 원했습니다.

　몇 년 전 친구인 윤수길 태국 선교사를 만났는데, 은퇴한 뒤 한국에 살고 싶었지만 집을 구할 수 없었답니다. 그런데 마침 미국에 있는 독지가가 집을 구해 주어 미국으로 옮겼다고 했습니다. 그 말을 듣고 얼마나 부끄러웠는지 모릅니다.

선교사 한 사람을 파송하면 훈련비, 정착비, 생활비, 사역비, 교육비, 의료비, 휴가비 등 일곱 가지 명목의 지원금을 계속 보내 줘요. 그런데 정작 그 사람이 은퇴하고 귀국할 때, 집이 있어야 한다는 사실은 생각하지 못하고 있었습니다. 그래서 그동안 은퇴 선교사들이 살 수 있는 은퇴 마을을 작게나마 마련하고자 애썼고, 감사하게도 경기도 가평에 36개 숙소를 최근에 완공했어요. 곧 선교사님들이 입주할 겁니다. 감사하고 기대가 됩니다.

최종상　은퇴 선교사님들한테 그냥 숙소만 저렴하게 제공하시는 것이 아니라 그분들이 은퇴하고 나서도 선교 사역을 계속하실 수 있도록 돕는 프로그램을 준비하신다고 들었습니다.

홍정길　선교사님들이 65세, 70세에 은퇴하지만, 아직 건강한 분들이 많습니다. 이분들이 사역하던 나라에서 이주해 온 외국인들이 국내에 아주 많습니다. 그들을 섬길 사람들이 필요한데, 은퇴 선교사님들이 그 일을 훌륭하게 해내실 수 있을 것입니다. 국가적으로도 이런 분들의 수고가 필요하다고 봅니다.

2016년에 KOSTA(국제복음주의학생연합회) 수련회를 인도하러 이탈

리아 밀라노에 갔다가 거기서 가까운 프랑스 니스에 잠시 들렸습니다. 마침 축제가 있어 수많은 사람이 모였는데, 한 아랍게 청년이 트레일러를 전속력으로 몰고 들어가 축제에 모인 많은 사람들을 치어 죽인 것을 실시간 뉴스로 보았습니다. 범행 이유는 프랑스 사람들이 자기 무슬림들을 소외시켰다는 거예요.

그때 정신이 번쩍 들었습니다. 우리나라에도 다문화 이주민이 많고, 또 앞으로도 많이 들어올 텐데 이들이 배타적인 색채가 짙은 우리나라에서 불만을 품고 자라게 된다면 20-30년 후에는 유럽이 당하는 비참한 사건을 우리도 당할 수 있겠다는 생각이 퍼뜩 들었습니다. 우리나라에 온 외국인들을 지금 관심 있게 돌보지 않는다면, 장차 국가적으로 심각한 문제에 봉착할지도 모릅니다.

처음에는 우리 교회 성도들이 다국적 이주민들에게 관심을 갖고, 그들을 사랑으로 섬기게 해야겠다고 생각했는데, 오히려 은퇴한 선교사님들이 더 적임자들이라는 생각이 들었습니다. 선교사님들은 각자 사역했던 나라에서 현지 문화를 경험했고, 언어도 잘 구사할 수 있는 데다가 하나님의 부르심을 받아 그들을 사랑하여 생애를 드렸던 분들이잖아요? 선교사님들이 이들을 섬기는 편이 훨씬 더 효과적일 뿐만 아니라 그분들이 하고 싶어 하는 선교 사역도 계속할 수 있겠다는 생각이 든 것입니다.

가장 위대한 유산은
부흥의 경험이다

최종상　은퇴 선교사님들을 통해 외국인들을 품으려는 생각은 놀라운 탁견입니다. 한국 교회가 이분들을 사랑과 복음으로 어떻게 섬기면 좋을지는 나중에 질문드리기로 하고, 먼저 목사님이 요즈음 무엇을 가장 중요하게 가슴에 품고 기도하시는지 여쭈어 보고 싶습니다.

홍정길　후대에 어떤 나라를 물려줄 것인가, 또 어떤 교회를 유산으로 물려줄 것인가를 고민하며 기도합니다. 우리나라는 유라시아 대륙의 대부분이 공산화되는 세계적인 조류를 거스르고, 자유 민주주의 체제 아래 큰 발전을 해 왔습니다. 절망의 시대를 넘어서 대한민국을 굳건히 세웠을 뿐만 아니라 반만년 역사 가운데 진정한 자유를 구가하는 시대를 이루어 살고 있습니다. 세계가 놀라는 경제 발전도 이루었습니다. 게다가 우리 젊은이들이 자라고 자라 문화 수출국까지 이루게 되었습니다.

　이 아름다운 모습을 생각하면, 만 입이 내게 있다 하여도 하나님의 은혜를 다 찬양 드릴 수 없습니다. "여호와를 자기 하나님으로 삼는 백성은 복이 있도다"(시 144:15)라고 하셨으니, 하나님을 섬기는 자유 대한민국이 후대에 계속 이어지기를 기도합니다. 그래서 아브라함의 하나님, 이삭의 하나님, 야곱의 하나님이 우리 민족이 대(代)에 대를 이어 그분의 목자 되심 아래 축복을 누리고 살면서 하나님께 영광을 돌리게 해 주시길 기도하고 있습니다.

최종상　후대에 물려줄 신앙의 유산은 어떤 것이 있습니까?

홍정길　한국 교회의 신앙 유산은 참 많지요. 그중 가장 위대한 유산은 부흥의 경험입니다. 1907년 평양 대부흥은 물론이고, 제가 몸담았던 CCC(한국대학생선교회)에서 민족 복음화 운동을 하면서 1969년부터 1980년 사이에 체험했던 부흥도 참 특별한 경험이었던 것 같아요. 우리 세대에 경험한 교회 성장과 세계 선교 성장도 귀한 유산입니다. 그런데 그 유산은 우리가 노력해서 얻은 것이 아니라 주님이 부어 주신 것이었습니다. 주께서 우리에게만 말고 후손에게도 다시 한번 그런 부흥과 성장의 축복을 부어 주시기를 참으로 원합니다.

2. 하나님의 이름은 자유다

자유라는 선물이 주는
유익

최종상 최근 출간된 목사님의 소책자, 《하나님의 이름은 자유입
니다》에 대한 반응이 뜨겁습니다. 세 편의 설교를 선별하여 따로 출
간하신 배경이나 이유가 있습니까?

홍정길 이 세 편의 설교가 중요한 메시지를 담고 있다고 생각했
습니다. 설교는 매주 듣기 때문에 한 번 들은 설교는 기억에 오래 남
지 못하는 경우가 많습니다. 그래서 이 설교들만은 활자화하여 다시
전해야겠다는 생각을 했습니다.

최종상　하나님의 이름이 자유라는 것은 어느 신학 책에서도 읽지 못한 깊은 통찰입니다. 그것을 깨닫게 되신 계기는 무엇이었습니까?

홍정길　작년(2020년) 광복 75주년 주일 설교를 준비하면서 "우리나라가 꼭 자유 민주주의를 해야 합니까? 그렇다면 자유 민주주의를 해야 할 이유가 무엇입니까?"라는 질문을 품게 되었습니다. 그 답을 얻으려고 기도하면서 성경을 읽었습니다. 출애굽기 3장을 읽는데, 눈이 열렸어요. 하나님이 보여 주신 것이지요.

애굽에서 이스라엘 민족을 이끌어 내라고 하나님이 모세를 부르셨잖아요. 이스라엘 백성들이 모세에게 "당신을 따라 애굽을 떠나라고 하신 이의 이름이 무엇이냐"고 물었을 때, 무엇이라고 대답해야 할지 모세가 하나님께 묻지 않았습니까? 그때 하나님이 "나는 스스로 있는 자이니라"라고 말씀해 주셨습니다(출 3:11-14). '스스로 있다'는 것은 존재의 기원이 자신에게 있다는 뜻입니다. 즉 하나님은 '스스로 말미암으신 분'입니다. '스스로 말미암다'를 한자로 표현하면, '스스로 자'(自)에 '말미암을 유'(由), '자유'(自由)가 됩니다! '자유'가 곧 하나님의 이름이요 그의 백성이 부를 영원한 칭호임을 알려 주신 것입니다.

그리고 보니 예수님의 이름도 자유였습니다. "아들을 낳으리니 이름을 예수라 하라 이는 그가 자기 백성을 그들의 죄에서 구원할 자이심이라"(마 1:21). 예수님은 우리를 구원하여 자유하게 하시는 분입니다. 이것이 그분의 구원 사역입니다.

그분은 공생애를 시작하실 때, 사역의 청사진을 이렇게 그려 보이셨습니다. "주의 성령이 내게 임하셨으니 이는 … 나를 보내사 포로된 자에게 자유를, 눈먼 자에게 다시 보게 함을 전파하며 눌린 자를 자유롭게 하고"(눅 4:18). 예수님은 우리에게 자유를 주어 자유롭게 하려고 이 땅에 오셨고, 사셨고, 돌아가셨습니다. 하나님과 예수님의 이름 안에 복음이 다 들어 있어요. 이보다 더 큰 복음이 없어요. 그래서 성호가 그렇게 중요한 것입니다.

'자유'라는 단어가 어디서 생겨났는지를 알기 위해 좀 더 자세히 공부하기 시작했습니다. 그런데 사서삼경에도 없고, 힌두교에도 없고, 이슬람에도 다 없어요. 이슬람 교리의 핵심은 절대복종이지 자유가 아니에요. 하나님의 이름이 자유라는 것을 깨닫고 나니까 성경이 비로소 풀리기 시작했습니다. 선악과 문제는 자유 의지의 문제입니다. 20세기 최고의 기독 변증가 C. S. 루이스(C. S. Lewis)가 아주 멋진 말을 했습니다. "하나님마저도 반역할 수 있어야 자유다"라고 그랬어요. 그 누구에게도 예속되지 않아야 진정한 자유인데, 하나님이 우리에게 그런 엄청난 자유를 주셨다는 것입니다.

솔로몬은 전도서에서 "일의 결국을 다 들었으니 하나님을 경외하고 그의 명령들을 지킬지어다 이것이 모든 사람의 본분이니라"(전 12:13)라고 말했습니다. 본분은 아무나 정하는 것이 아니지요. 만든 사람이 그 본분을 정합니다. 날도록 만든 것이 비행기고, 물 밑으로 다니게 만든 것이 잠수함입니다. 인간을 만드신 하나님이 우리에게 본분을 주셨는데, 그것은 여호와를 경외하고 그 명령을 지키는 것입니다. 이 둘은 하나입니다. 우리가 하나님을 경외하면 그분의 명령을 지킬 수밖에 없어요. 그러니 결국 "너는 나 외에는 다른 신(神)들을 네게 두지 말라"(출 20:3)는 제1계명밖에 없는 셈이에요. 하나님 한 분만을 경외하라는 본분 외에는 모든 자유를 우리에게 주셨다는 말씀입니다.

더 나아가 국민이 주인이 되는 자유 민주주의는 성경과 깊은 연관이 있음도 알게 되었습니다. 1382년, 영국의 신학자 존 위클리프(John Wycliffe)가 신약성경을 비밀리에 영어로 처음 번역한 다음 서문에 이렇게 썼습니다.

"성경이 번역되었다. 이 성경이야말로 국민의, 국민에 의한, 국민을 위한 정부를 만들어 줄 것이다."

이 말을 미국의 제16대 대통령 에이브러햄 링컨(Abraham Lincoln)이 1863년 11월 19일 당시 남북전쟁의 격전지였던 펜실베이니아주 게티즈버그에서 열린 전사 장병들의 영혼을 위로하는 추도식에서 인용하여 전 세계인이 다 외울 만큼 유명해졌습니다. 이런 것을 알고 나니까 성경이 달리 보이기 시작했습니다. 역사는 소중한 자유의 변천사라는 생각을 하게 된 것입니다.

제가 헤겔의 《역사 철학 강의》(Vorlesungen über die Philosophie der geschichte)에서 배운 가장 중요한 메시지는 인류의 역사 발전은 자유의 확산에 비례한다는 것이었어요. 인류가 얼마나 발전했는가는 얼마나 많은 사람이 자유를 향유하게 되었는가를 보면 알 수 있다는 것이지요. 서양에서 자유는 오랫동안 왕권신수설 안에 갇혀 있었습니다. 유럽의 합스부르크 왕가는 13세기부터 20세기 초까지 존속하기도 했습니다. 왕 혼자만 자유를 누렸던 때가 있었지만, 차차 귀족들도 자유를 누리기 시작했고, 나아가 평민까지 자유를 누리게 되었습니다.

세계에서 왕이 없이 시작한 유일한 나라가 미국이에요. 그런데 미국의 초기 정치 체제는 교회 생활의 연장선에 있었습니다. 초대 대통령 조지 워싱턴(George Washington)은 처음부터 자신의 임기가 끝나면 재임하지 않겠다고 선언했지만, 국민의 성원으로 연임하게 되었지요. 그러나 세 번째 연임만큼은 극구 거절했습니다. 자기 교회에서는 큰 직분을 맡으면 두 번까지만 하고 물러난다는 것이 이유였습니다. 이것이 전통이 되어 지금까지 계속되어 오고 있지 않습니까?

대체로 동양에서는 자유주의란 말이 경멸의 단어로 쓰였습니다. 아무 제약 없이 자기 마음대로 행동하는 자유분방한 사람을 가리켜 예와 법도 모르는 불쌍한 놈이라거나 호래자식이라 부르곤 했습니다. 지금도 중국이나 북한에서는 자유를 이런 개념으로 쓰고 있습니다.

그러나 자유야말로 하나님이 인류에게 주시는 최대의 선물입니다. 지금 우리는 자유를 맘껏 누리는 행운의 시대에 살고 있어요. 우리가 여기까지 오는 데는 수많은 사건과 엄청난 희생이 있었습니다. 그 희생을 하나님이 불쌍히 여기셔서 자유 민주주의 체제 아래서 아름다운 개인의 자유를 향유하도록 축복해 주신 덕분에 우리가 지금 누리며 살고 있는 것입니다.

최종상 모든 축복의 근원이신 하나님이 주시는 '자유'인만큼 거기에서 파생되는 유익이 한두 가지가 아닐 텐데요?

홍정길 첫째는 창의력의 향상입니다. 자유가 없으면, 창의력에 한계가 지어집니다. 자유가 있어야만 창의적인 인간이 될 수 있습니다. 창의력은 자유롭게 생각할 수 있을 때 생기기 때문이죠.

저는 중국이 전 국민에게 자유를 주지 않는다면, 절대로 한국을 못 따라올 것으로 생각합니다. 제가 30년 이상 중국을 오가며 본 것이 있기 때문입니다. 20여 년 전에 당시 삼성의 중국 지사장을 지내던 교인이 "목사님, 중국이 얼마나 빨리 쫓아오는지 도망가기가 힘들 정돕니다"라고 하소연을 하더군요. 그래서 제가 "장로님, 중국은 전 인민에게 자유를 주지 않는 한, 모조품은 만들지 몰라도 창의성 있는 작품은 못 만들 겁니다. 그러니 안심하세요"라고 말해 주었습니다. 삼성이 지금까지 계속 중국 기업들을 앞질러 가고 있지 않습니까?

또 자유가 없으면, 책임감을 잘 느끼지 못합니다. 독일이 통일된 뒤에 동독 사람들이 그랬다고 합니다. 당시 대우 베를린 지사장을 지낸 분이 그런 말을 하더라고요. 비서가 동독 여성이었는데, 외출

했다가 돌아오니까 "사장님, 전화 왔었어요" 하더랍니다. 누구한테서 왔느냐고 물으니, 그건 안 물어봤다는 겁니다. 그래서 다음에는 누구인지 물어보라고 주의를 주었답니다. 그다음에 외출에서 돌아오니 아무개한테서 전화가 왔었다고 하더랍니다. 왜 전화했느냐고 물으니 그건 또 안 물어봤다고 했대요. 그분이 그때 속으로 차라리 내가 당신 비서 노릇을 하는 게 낫겠다고 생각했답니다.

책임감이 없는데 어떻게 좋은 물건을 만들 수 있겠습니까? 창의력이 없으면, 자발성도 없어요. 자발성이 없는 사람들은 부지런히 일하지 않습니다. 창의력이 없으면, 일을 효율적으로 하지도 못합니다. 동독 사람들이 이등 시민이 되려고 그런 것이 아니라 자유 없이 살다 보니 삶에서 창의력과 자발성을 키우는 훈련이 안 되었던 탓에 그렇게 된 것입니다.

공산주의 국가에서는 어떻게 하면 적당히 일할까 하고 꾀부리는 것이 지혜입니다. 제가 러시아를 25년 동안 오가며 일하고 있고, 북한에 다닌 것도 30년 정도 되었는데, 제가 경험한 바로는 그렇습니다.

우리가 자유를 누리며 창의력을 바탕으로 책임감과 자발성을 갖는 한 우리나라의 미래는 적어도 먹고 사는 데는 지장이 없을 겁니다. 아주 상식적이고도 단순한 제 생각입니다.

하나님을 버린
빅브라더를 경계하라

최종상　목사님, 자유라는 단어는 성경적이기도 하지만 정치적인 언어이기도 합니다. 자유라는 하나님의 이름이 이 시대에 우리 민족에게 주는 메시지는 무엇일까요?

홍정길　우리 민족뿐 아니라 온 인류에게 주는 엄청난 메시지가 있지요. 저는 이때까지 하나님의 형상을 입는다는 말이 우리에게 주어지는 하나님의 좋은 성품인 줄로만 알았어요. 그런데 그게 아니라 바로 '자유'더라고요. 하나님의 이름이 자유이고, 자유가 하나님의 속성이라는 것은 우리를 하나님의 형상, 곧 자유의 형상대로 지으셨다는 말입니다. 인간은 자유가 있을 때, 가장 인간답게 살 수 있다는 뜻이지요. 그러니 사람을 규정하는 여러 좋은 개념 가운데 자유를 맨 앞에 내세우지 않으면 의미가 없다는 것을 알게 되었습니다.

　사랑? 자유가 없는 사랑이 도대체 뭐예요? 인간이 자신의 자유 의지로 판단하고, 능동적으로 자유를 행사할 때 그 사랑에 감동이 있죠. 정의도 생각해 보세요. 자유가 없으면 정의가 어떻게 고귀할 수 있겠어요? 평등도 마찬가지입니다. 자유가 없는 평등은 전체주의예요. 획일화되고 마는 것입니다. 그래서 자유는 하나님이 한 민족에게뿐 아니라 각 개인과 국가에 주신 최고의 특권이자 선물입니다.

하나님의 이름이 자유라는 것이 그리스도인들에게 주는 메시지는 하나님이 나를 한없이 사랑하신다는 것입니다. 자유를 주신다는 것은 우리를 신뢰하신다는 뜻이에요. 신뢰하는 사람에게 일을 맡길 때는 방향만 정해 주고, 알아서 마음껏 하라고 그러거든요. 잘할 줄 믿는다는 것입니다. 그렇게 신뢰해 주면 잠재력과 자발성이 한없이 펼쳐져요.

하나님은 누구에게든지 재능이라는 놀라운 보물을 주셨어요. 자신의 재능을 활짝 펼치려면, 재능이란 하나님이 내게 맡기신 축복이며 따라서 나는 재능의 청지기라는 인식을 확실히 가져야 합니다.

여기까지 배우고 나서 정치에 들어가면 나라를 살리고, 사업에 들어가면 여러 사람에게 재정적인 복을 나눠 줄 수 있어요. 이렇듯 자유를 주심은 사람마다 생애의 최대치를 살도록 허락해 주심을 뜻합니다.

최종상　　그러면 하나님께 받은 이 귀한 자유를 가지고 어떻게 살아야 되겠습니까?

홍정길　　과거에 저는 자유 하면 영적인 자유만 생각했었어요. 대부분의 목사님들도 그렇게 설교하더라고요. 그런데 정치적인 부분에서도 자유로워야 한다는 것을 깨달았습니다. 조직에는 명령과 강요가 있기 마련입니다. 회사는 직원에게 명령하고 복종을 요구해요.

그런데 가족은 하나의 조직임에도 불구하고 강요가 없습니다. 그 대신 자유로움 안에서 명령보다 더 확실한 자발적 순종이 요구됩니다. 서로 순종할 때, 아름다운 가정이 되죠. 아내는 남편에게 순종하고, 남편은 아내를 자기 몸처럼 사랑해야 합니다. 그러다 보면 피차 사랑하고 순종하게 됩니다. 이런 자유 안에서 살아야 사람이 사람답게 됩니다.

우리나라는 100여 년 전인 고종 시대에만 해도 전 국민의 60-70%가 노비였습니다. 먹을 것이 없어서 스스로 노비가 된 사람도 얼마나 많았는지 모릅니다. 이게 우리나라의 옛 모습이었습니다.

영남대 어느 교수가 미국 건국의 아버지들(Founding Fathers of the United States) 중에도 독립선언서에서는 자유를 말하면서도 수많은 노예를 부린 이들이 있지 않았느냐며 미국을 비난한 적이 있습니다. 일리 있는 말이지만, 우리도 노비에게 노동의 대가를 주지 않으면서 인간 대접도 하지 않았던 잘못된 역사가 있음을 먼저 말해야 공정할 것입니다. 미국 사람들은 노예제도 폐지를 위해 계속 노력했고 마침내 링컨 대통령 때 이르러서 노예제도를 폐지했습니다.

지금 우리는 우리나라에 주어진 자유 덕분에 5천 년 역사에서 처음으로 배 안 곯고, 처음으로 다른 나라 사람들 앞에서 어깨 펴며 살고 있습니다. 역사상 처음이에요. 세종대왕 때도 그렇지 못했어요. 이런 나라는 자유가 만들어 준 거예요. 남북한이 똑같은 민족인데, 하나는 자유를 주니 이렇게 세계를 휘젓고 다니는데, 다른 하나는 자유를 빼앗고 빅브라더(big brother) 국가가 되어 가고 있습니다.

언젠가 평양에 갔을 때였습니다. 제가 세계를 많이 다닌 것을 그들도 잘 알고 있는지 이런 질문을 했습니다. "홍 목사 선생, 세계를 많이 다니셨지요? 우리 민족이 세계 180여 개국에 흩어져 있다는 기록을 봤습니다. 미국은 알겠는데 다른 나라에 있는 사람들은 어떻게 삽니까?"

"열심히 일해서 잘 살고 있습니다. 브라질의 경우 일본보다 훨씬 늦게 이민을 갔지만 얼마 되지 않아서 남미의 모든 패션사업을 장악하여 대기업을 운영하면서 일본인을 직원으로 채용하는 교민들도 있고, 아프리카의 경우에 여행을 갔다가 현지인의 권유로 잠시 사진관을 열었는데, 이후에 가족과 함께 이민까지 가서 자리를 잡고 자녀들을 영국의 옥스퍼드, 케임브리지 대학 같은 사립대학에 보내는 가정도 봤습니다. 이렇게 우리 민족은 슬기로운 민족이라 어디를 가든지 잘 삽니다. 어느 누가 훼방만 놓지 않는다면 말입니다." 그랬더니 북한 사람들 얼굴이 심각하게 굳어져 동행한 분이 내일 비행기 타고 귀국할 수 있을지 모르겠다며 걱정을 하기도 했습니다.

국민에게서 자유를 박탈한 나라들을 보십시오. 개혁한다면서 사람들을 엄청나게 숙청하고 죽입니다. 과거 레닌이 이끈 러시아 볼셰비키 혁명에서 약 1천5백만 명이 죽임을 당했습니다. 레닌에 이어 스탈린도 개혁을 명분으로 2천만 명을 숙청했습니다. 언젠가 러시아 사람들한테 그 얘기를 하니까 "목사님이 몰라서 그렇습니다.

37

적어도 1억 명 이상의 국민이 지도자들과 생각이 다르다는 이유로 반항 한번 제대로 해 보지 못한 채, 주먹질 한 번 못 하고, 총 한 번 겨누지 못 하고, 그냥 끌려가서 죽었습니다"라고 말해 줍디다.

모택동이 자기 회고록에 대약진 운동부터 문화 대혁명 때까지 2천만 명이 죽었다고 기록했습니다. 그런데 그 전후로 실시한 인구 조사를 비교해 보니 6천만 명이 차이 납니다. 최소 6천만 명이 죽었다는 뜻입니다. 6천만 명이 죽고, 1억 명이 죽는 전쟁이 어디 있습니까? 자유가 없는 곳에서 벌어지는 이런 학살은 마지막 빅브라더 국가가 될 때까지는 끝나지 않아요. 두려운 것은 우리 주변 국가들이 빅브라더 국가가 되어 간다는 사실이에요.

그러니까 이 소중한 자유를 얼마나 잘 간직하고 전수해야 하겠습니까? 제가 언젠가 이런 이야기를 한 적이 있습니다. 우리 후손에게 삼성은 못 물려준다고 할지라도 자유는 물려줘야 한다고요. 자유 속에 삼성이 있고, 자유 속에 김우중 씨가 있었고, 자유 속에 정주영 씨가 있었습니다. 그들에게 족쇄를 채워 놓았다면 어떻게 되었겠습니까? 정치적으로 진정한 자유를 누리게 한다는 것은 개개인이 인간답게 살고 잠재력을 마음껏 펼칠 수 있는 환경을 조성해 주는 것을 의미합니다. 자유는 인간이 하나님의 형상을 드러낼 수 있는 유일한 바탕입니다.

이 자유를 지향하는 자유 민주주의는 기독교 문화를 가진 백인 주도 사회에서 발전시켜 온 제도입니다. 그래서 대개 다른 문화권이나 종교에서는 잘 적용하지 못합니다. 그런데 그에 비해서 우리나라는 서구 못지않게 자유 민주주의를 구가하는 유일한 나라입니다. 이것은 앞으로도 자유 민주주의를 지향하는 많은 나라들에 하나의 이정표와 같은 역할을 할 것입니다.

어디로부터의
해방인가

최종상　목사님의 저서 《하나님의 이름은 자유입니다》를 읽고 한창 감동할 무렵에 홍콩에서 온 우리 큰딸과 함께 화진포에 갔다가 거기서 김일성 별장과 이승만 별장을 관람했습니다. 이승만 별장에서 이승만 대통령이 우리 국민에게 하신 유언이 제 눈을 사로잡았습니다. 갈라디아서 5장 1절 말씀을 유언으로 인용하셨어요.

"그리스도께서 우리를 자유롭게 하려고 자유를 주셨으니 그러므로 굳건하게 서서 다시는 종의 멍에를 메지 말라."

바울은 영적인 의미에서 자유를 말했지만, 이승만 대통령은 정치적 의미로 말했다는 생각이 들었습니다. 우리 민족에게 다시는 어떤 나라나 개인의 종이 되지 말라고 유언하신 것 같았습니다.

홍정길　소위 진보 좌파들이 이승만 대통령의 약점을 부각하여 그의 역사를 곡해한 부분이 많아요. 얼마 전에 문재인 대통령이 당신이 하는 일에 흠결만 있는 게 아니고 잘한 것도 있는데, 언론이 비판만 한다고 서운해하시더라고요. 그런데 흠결을 진짜로 잘 파고드는 사람들은 좌파예요. 그들은 지금까지 한국 역사의 흠결만 가지고 이야기했지, 긍정해 본 적이 별로 없습니다.

그중 하나가 이승만 대통령에 관한 것입니다. 현 정권의 지도자들 가운데 어떤 분이 제게 그러더라고요. 자기는 다른 사람은 다 용서해도 이승만만은 용서 못 하겠대요. 저는 대학 때 4.19 혁명을 만나서 "독재자 이승만은 물러가라"고 외치며 뛰어다녔던 사람이에요. 친구가 옆에서 총에 맞아 죽는 것을 보기도 했어요. 그때 선거하면서 제일 많이 외친 구호가 "못 살겠다! 갈아 보자!"였어요. 그런데 막상 갈아 보니까 어땠습니까? 윤보선 대통령이나 장면 총리가 변화의 시기에 혼란을 바로잡지 못했어요. 그들은 국가를 경영할 능력도 철학도 없었어요.

우리나라에도 훌륭한 건국의 아버지들이 있었습니다. 이승만 대통령을 비롯해 만해 한용운 선생, 의암 손병희 선생, 도산 안창호 선생, 백범 김구 선생 등 국가를 위해 헌신했던 분들을 우리는 기억해야 합니다.

그중 뛰어났던 사람이 이승만 박사입니다. 어떻게 그 시대에 공산주의의 실체를 정확히 간파하고, 이 땅에 자유 민주주의의 뿌리를 내리게 하셨을까요? 미국에서 자유 민주주의를 먼저 경험함으로써 이 땅에 자유 민주주의 기틀을 놓을 수 있었던 것입니다. 그분 아니면 할 수 없는 일이었습니다. 그는 대한민국의 은인 중의 은인입니다. 이건 반드시 인정받아야 합니다.

물론, 그에게도 과오가 있었습니다. 사사오입 개헌과 3.15 부정 선거로 자신이 신봉하던 민주주의를 스스로 부정하는 결과를 가져온 것이 사실입니다. 자유당 말기에 권력을 유지하려던 측근들에 둘러싸여 민의를 제대로 읽지 못했다고 하더라도 그 모든 책임은 그에게 있겠지요. 자신을 지지하던 친일파에게 관대했던 것도 과오로 볼 수 있지만, 신생 국가라 일할 사람이 부족했던 터라 부득이했던 측면이 있습니다.

이 모든 것을 감안하더라도 그는 이 땅에 자유 민주주의의 기초를 세웠을 뿐만 아니라 6.25 전쟁 중에는 국제연합(United Nations; UN)을 움직여서 한국에 UN군을 파병하게 하여 자유 민주주의를 지키는 큰 업적을 이루었어요. UN군의 참전은 UN 창설 이후 가장 잘한 일로 꼽을 수 있습니다. 그런데 그런 혜택을 받아 본 나라가 얼마나 됩니까? 이런 역사를 우리가 하나하나 되씹어야 해요.

이승만 대통령을 독재자로 부르는 사람들이 많지만, 그는 "불의를 보고 일어나지 못하는 민족은 죽은 민족"이라며 4.19 혁명 당시 학생들의 궐기를 높이 평가했고, 모든 책임을 지고 열흘도 안 되어 기꺼이 하야했습니다. 어느 지도자가 이처럼 쉽게 물러났던 적이 있습니까? 지팡이 하나만 짚고 경무대에서 물러났던 그 하야 길이 우리나라 민주주의의 진정한 시작이었다고 생각합니다. 저는 이승만 대통령이 우리나라에 자유 민주주의의 씨를 심어 준 것이 얼마나 감사한지 모릅니다.

역사를 왜곡한 예는 또 있습니다. 2021년 6월에 김원웅 광복회장이 고교생을 대상으로 한 영상 메시지에서 "소련은 해방군으로 왔고, 미국은 점령군으로 왔다"고 발언했습니다. 하지만 당시에 미국이 싸운 대상은 대한민국이 아닙니다. 한반도를 차지하고 있던 일본과 싸워 승리한 것입니다. 즉 미군이 점령한 것은 대한민국이 아니라 한반도를 지배하던 일본이었던 것입니다. 일본 입장에서 보면 점령군이 맞지만, 우리 민족 입장에서 보면 미국은 일본의 지배를 받던 한반도를 해방시켜 준 해방군입니다. 이것을 분명히 알아야 합니다.

사실이 이런데도, 김원웅 광복회장은 미군은 점령군이요, 도리어 소련군이 해방군이었다고 말합니다. 소련군이 해방군이라는 말은 역사상 가장 간교한 사기입니다. 왜냐하면 동유럽 나라들을 히틀러로부터 해방시켜 준다고 해 놓고선 전부 소비에트 연방으로 묶거나 위성 국가로 만들어 버렸기 때문입니다. 죄다 한순간에 자유를 박탈당했습니다. 나치에서 해방되기는커녕 소련 공산당의 속박을 받으며 개인의 자유를 깡그리 빼앗는 전체주의 국가로 전락하고 말았습니다. 역사적으로 이보다 더 큰 사기가 없는데, 이걸 지적하는 사람이 없습니다. 소련군이 한반도에서 무얼 해방시켰습니까? 일제에서 해방시켜 더 자유가 없는 전체주의로 끌고 간 것뿐입니다.

그런 면에서 우리나라 역사 교과서를 새로 쓰지 않으면 안 돼요. 역사의 기초를 왜곡해서 가르치니까 갈수록 자꾸 틀린 소리만 한다고요. 그런데도 한국역사교육학회는 그 '해방'이라는 단어에 속아 역사를 그릇 기술하더란 말입니다.

3. 자유와 평등은 과연 대립하는가

몸으로 겪은 세대는
냉철하다

최종상 《하나님의 이름은 자유입니다》에 실린 두 번째 설교에서는 정치적인 문제에 관하여 좀 더 구체적으로 언급하신 바 있습니다. 실상은 전체 설교의 10%도 안 되는 분량이었는데, 언론의 집중을 받으신 것을 보면, 목사님이 어떤 말씀을 하시는가에 굉장히 민감한 사람들이 많은 것 같습니다. 그만큼 목사님을 바라보고 있고, 또 존경한다는 뜻 아니겠습니까?

2020년 4월 15일 총선을 앞두고 하신 설교에서 "이제까지의 선거는 좋은 사람과 정강 정책이 있는 정당을 뽑는 거였다면, 이번 총선은 체제를 택하는 선거"라고 말씀하셨습니다. 그러면서 "동유럽 공산 국가들이 민주화로 나아가는 반면에 동양의 국가들은 전체주의 국가로 변모해 가고 있는 형국이다. 우리가 지금까지 악전고투하면서 여기까지 발전시켜 온 대한민국의 자유 민주주의 체제를 어떻게 이어 갈 것인지를 깊이 생각하면서 투표에 임해야 할 것"이라고 말씀하셨어요.

현 정권에 관한 판단이 담긴 설교를 하신 후에 사방에서 빗발치는 비난을 받으셨던 것으로 압니다. 인터넷에 들어가 살펴보니 진보, 보수 양쪽으로부터, 특히 진보 측으로부터 많은 비난을 받으셨더군요. 어떻게 받아들이셨는지, 또 어떻게 대처하셨는지 듣고 싶습니다. 특별히 당시 선거를 앞두고 예민한 발언을 하신 배경은 무엇이었습니까?

홍정길　　목회자라면, 국가의 중요한 문제라고 생각되는 것을 가슴에 품고 기도해야 하지 않겠습니까? 새 정권이 들어서면서부터 너도 나도 개혁을 외쳤습니다. 그런데 안타깝게도 그들이 나아가는 방향을 보니 개혁이 아니라 체제의 변혁이었습니다. 일례로, 현 정권이 헌법 전문에서 '자유'라는 말을 없애고, '평등'으로 대체하려고 하더라고요. 체제의 변화를 꾀한다는 뜻입니다. 이것은 엄청난 변화입니다. 그래서 그러면 안 된다고 말했던 거지요. 제 견해를 밝히는 것이 굉장히 중요하다고 생각했어요.

저는 개혁을 외치는 사람들을 만날 때마다 "모름지기 진정한 개혁이란 개혁을 생각하는 사람의 삶과 사상이 일직선상에 있어야 비로소 시작되는 것인데, 당신들한테는 그런 삶이 없다"고 말해 주었습니다. 스스로 개혁이 안 되어 있는데, 어떻게 세상을 개혁한단 말입니까?

총선에서 보수파가 그렇게 참패할 줄은 몰랐습니다. 그런데 그게 오히려 더 잘된 거 같아요. 진보 진영이 대승의 기쁨에 취한 나머지 본색을 드러내기 시작했기 때문입니다. 그 덕분에 많은 사람들이 그들의 위선과 실체를 볼 수 있게 되었지요. 상식과 대비되는 그들의 거짓을 국민들이 보기 시작한 것입니다.

노무현 대통령이 서거한 뒤 추종 세력은 '폐족'을 선언하고 10년을 와신상담했습니다. 그리고 젊은이들을 학습시켜 세뇌에 가까운 사상 훈련을 시켰고, 지자체(지방 자치 단체) 조직을 장악하여 전국적으로 엄청난 네트워크를 만들었습니다. 드디어 정권을 다시 잡았지만, 안타깝게도 이들 역시 국가를 어떻게 운영할 것인가에 대해서는 노무현 대통령 시대의 단점을 하나도 개선하지 못한 채 그대로 반복하고 있습니다.

사실, 보수파는 지자체 같은 건 시시하다고 거들떠보지도 않았습니다. 국가와 민족보다는 자신의 입신양명만 생각하는 모리배가 모일 만한 토양을 만들었고, 정치력을 발휘하여 경제적 이익을 얻고자 하는 사람들이 주로 모인 측면이 확실히 있습니다. 물론, 그중에 사명감을 가지고 자유 민주주의를 이 땅에 심은 이승만 박사나 경제 성장을 이룬 박정희 대통령 같은 이들도 있었지만 말입니다.

최종상　총선보다 더 중요한 대선이 가까이 다가오고 있습니다. 지금은 어떤 입장이신지요?

홍정길　목사는 누구를 찍으라고 말할 수 없습니다. 이러이러한 원리를 따르라는 정도로만 말할 뿐입니다. 저는 정치인들의 말에 속지 말라고 당부합니다.

장 피아제(Jean Piaget)라는 유명한 발달 심리학자가 있습니다. 그는 어린아이의 성품을 진짜로 알고 싶으면, 그 아이의 말을 듣지 말고 유리창 밖에서 그 아이의 몸짓을 관찰하라고 말했습니다. 행동에서 성품이 보인다는 뜻입니다.

그 말을 읽은 다음부터 저는 어떤 사람의 말보다는 그가 어떻게 살고 있는가를 유심히 관찰하기 시작했습니다. 자기가 국가와 민족을 얼마나 사랑하는지, 대한민국에서 애국자는 저들밖에 없는 듯 멋지게 말하는 정치인들이 있습니다. 그러나 그들 말에 속지 말아야 해요. 그들의 삶이 말만큼이나 진실한지 늘 점검해 보아야 합니다.

2019년 여름에 조국 민정수석이 SNS에서 〈죽창가〉를 추억하여 논란이 된 적이 있습니다. 죽창은 우리 역사에서 가장 치욕스러운 패전의 상징이에요. 죽창을 들고 일본군 2백 명에 맞섰던 동학군

2만 명이 몰살당한 사건을 떠올리게 하기 때문입니다. 동학 지도자가 부적을 하나씩 써 주면서, 이 부적만 지니고 있으면 총알을 피할 수 있다는 맹목적인 믿음을 심어 준 탓에 패전에 이르렀습니다. 지금도 동학사상을 이야기하는 사람들이 있습니다. 도올 김용옥 선생은 동학사상으로 무장된 지도자를 뽑아야 한다고 주장하더군요. 하지만 동학사상이 도대체 무엇입니까? 동학이 천도교라는 종교로 발전했습니다만, 어떤 종교든지 본질이 삶 속에 실체로 드러나야 하는데, 그 실체를 보여 주지 못하고 있는 것 같습니다.

제 고향 가까운 곳에 '성뜰'이라는 마을이 있었습니다. 마을 전체가 대밭이었는데, 6.25 때 성뜰 마을 사람들이 석 달 동안 저를 고구마 굴에 숨겨 주었어요. 저는 예수를 믿는 데다가 아버지가 군(郡)에서 제일가는 부자였으니 인민군에 잡히면 죽을 게 뻔했습니다. 당시 아버님은 1950년에 총회 신학교에 입학하였다가 장로로서 교수님들을 섬기느라 부산으로 가서서 가족과는 떨어져 계셨어요.

그때 대나무를 어슷하게 잘라 뾰족하게 만든 죽창을 처음 봤습니다. 곳곳에서 머슴들이 주인을 죽창으로 찔러 죽였어요. 공산당이 머슴들에게 "주인을 죽이면 주인 땅이 네 것이 된다"고 꾀었던 것입니다. 죽창에 찔려 울부짖던 비명 소리를 지금도 잊을 수가 없어요. 칼이나 쇠창과 달리 죽창은 여러 번 찔러야 죽기 때문에 시신의 참혹함은 정말 말할 수 없을 정도였습니다. 성뜰 마을에서 죽창을 든 사람들을 보았던 기억이 지금도 가장 기분 나쁜 악몽으로 나를 괴롭

히곤 합니다. 죽창은 적국의 입장에서는 불에 탄 부지깽이에 불과한 것이었지만, 우리 민족에게는 가장 잔인한 살상 무기인 셈입니다.

그런 상황에서 성뜰 마을 사람들이 저를 숨겨 주었어요. 제 생명의 은인입니다. 그런데도 6.25 후에 한 번도 그 마을에 가지 못했습니다. 아니, 안 갔습니다. 죽창에 찔려 죽임을 당하던 사람들의 비명 소리가 지금도 들릴 것만 같아서 차마 가지 못했습니다. 그래도 언젠가 한 번은 가 보려고 해요.

그러니 〈죽창가〉를 부르자는 소리를 들었을 때, 화가 날 수밖에 없었습니다. 그래서 "기억하라"라는 제목으로 설교하면서, 우금치에서 죽창을 든 동학군 2만 명이 총을 가진 일본군 2백 명에게 몰살당했는데, 그 전투를 또 하잔 말이냐고 물었습니다. 영화 한 편 보고 나서 탈원전 정책을 실행한다고 하더니 드라마 한 편 보고 나서 죽창을 들자고 하다니 어처구니가 없습니다.

우리는 이 모든 것을 몸으로 겪은 세대입니다. 단순히 말만 듣지 말고, 실제인가를 살펴봐야 합니다. 그래서 지도자를 뽑을 때, 그들이 이전에 어떤 삶을 살았는가를 보고 투표하라고 말하고 싶어요. 실제가 없는데 말만 하는 것은 듣지 말아야 해요. 실제가 없는 말은 사기일 뿐입니다.

우리에게 필요한 것은
균형이다

최종상　그럼 대선에서 어떤 형태의 리더십을 선택하면 좋겠습니까?

홍정길　너무 예민한 문제입니다. 저는 이렇게 생각해요. 자유를 충분히 보장하는 정치 체제와 그 자유에 관해서 책임을 묻는 법치가 확립되어야 합니다. 우리나라의 법치가 많이 무너졌잖아요. 다음에는 법치가 꼭 세워졌으면 좋겠습니다. 법의 무서움을 모르고, 법을 어기고 속이는 것이 지혜라 생각하는 사람들이 많습니다.

　지도자는 청지기 정신이 있어야 합니다. 대통령만 되면 세상이 다 자기 것으로 생각되는 모양이에요. 잠시 맡은 청지기일 뿐인데…. 담임 목사만 되어도 교인들을 누르고 주인 행세를 하려는 분들이 있어요. 국가의 주인은 국민이고, 교회의 주인은 교인이지요. 미국이 이만큼 온 것은 청교도들이 세웠던 코람 데오(Coram Deo: '하나님 앞에서')와 청지기 정신이 있었기 때문입니다. 이것이 없으면 독재 국가가 되고 맙니다.

최종상　한국 교회가 김영삼 장로, 이명박 장로를 대통령으로 배출했지만, 돌이켜보면 장로 대통령을 배출하는 데만 성공했지, 그들

임기 중에 한국 기독교는 오히려 퇴보한 것이 아닌가 하는 생각이 듭니다. 또 장로 대통령들이 한국 교회와 함께 우리나라 발전에 얼마나 공헌했는가에 대해서는 회의적인 분들이 더 많은 것 같습니다.

물론, 나중에 역사가 평가하겠습니다만, 그렇게 된 이유는 그리스도인이라는 이유로 특정 후보를 지지하는 낮은 수준의 정치 개입 때문으로 볼 수 있습니다. 사실 그리스도인은 자유와 민주주의 가치를 바르게 인식하고 투표해야 할 뿐만 아니라 이제는 높은 수준의 정치 참여도 해야 한다는 의견이 많습니다.

홍정길　　높은 수준의 정치 개입에 대해서는 제2차 세계대전 후에 독일 그리스도인들이 진보와 보수를 아울러서 정치판을 적극적으로 견인하면서 체제의 큰 틀을 기독교 정신으로 통합하고, 그 테두리를 벗어나지 않게 한 것이 좋은 모델입니다. 위기에 처한 자유 민주주의를 구하기 위해서는 이제 우리도 그동안 보수 진영의 역량 있는 사람들이 몸을 사려 온 풍토를 벗어나 청년 시절부터 사회 참여 및 정치 참여를 독려하는 분위기를 형성할 필요가 있습니다.

서독의 초대 총리 콘라트 아데나워(Konrad Adenauer)나 통일 독일의 초대 대통령 리하르트 폰 바이츠제커(Richard von Weizsäcker) 같은 그리스도인 지도자들이 적극적인 정치 참여로 나라를 한 차원 높게 바로 세웠듯이, 우리 한국 교회도 그리스도인 정치 지도자들을 많이 길러 냈으면 좋겠어요. 미국의 조지 W. 부시(George W. Bush), 영국의 마거

릿 대처(Margaret Thatcher), 독일의 앙겔라 메르켈(Angela Merkel) 등도 모두 젊은 시절부터 공적 분야에 투신해서 지도자로 성장해 온 신앙인들입니다.

한국의 보수 교회는 하나님이 주시는 자유 안에서 너무 안주해 왔습니다. 그동안 양적 팽창을 추구해 온 보수 교계는 세속과 지나치게 타협해 왔습니다. 특히 정치를 지도하기보다는 되레 정치의 하부 구조가 되는 경향이 많았습니다. 그 결과, 교회는 자기 권위를 스스로 훼손했고, 사회의 영향력을 잃어버리는 결정적인 실수를 해 왔다고 생각합니다.

그러니 이제는 높은 수준의 정치를 견인하라고 조언하고 싶어요. 역량 있는 성도들이 청년 시절부터 정치에 적극적으로 참여하는 풍토를 조성해야만 하나님의 이름인 자유를 지켜 낼 수 있을 것입니다. 정치가를 꿈꾸지 않더라도 정당에 가입하거나 적게나마 후원금을 보내는 것이 곧 정치 참여입니다.

최종상　사실, 목사님의 자리가 참으로 어려울 것 같습니다. 관심과 존경을 받는 교계 원로이시다 보니 성도들은 물론 일반 국민들도 정치 현안에 대해 말씀해 주시길 기대하고 있습니다. 그런데 보수 쪽에 유리한 발언을 하시면, 진보 쪽에서 비난하고, 진보 쪽 입장의 발언을 하시면 보수 진영에서 비난하곤 합니다. 심지어 같은 진영 안에서도 더 충분히 확실하게 말씀하지 않았다는 이유로 서운해하거나 비난하면서 자신들이 원하는 쪽으로 선명한 입장 표명을 해 달라고 주문하기도 합니다. 정치적 중립을 지키고자 가만히 계시면, 나라가 어려운데 원로로서 몸이나 사리고 그 역할을 못 한다며 비난을 듣습니다. 이래도 저래도 오해와 비난을 면하기 어려우시리라 생각됩니다. 이런 때일수록 더욱 기도하시겠습니다만, 입장 표명과 관련해 어떤 원칙이 있으십니까?

홍정길　저는 제 자리가 어렵다고 생각하지 않습니다. 남이 이러쿵저러쿵 이야기하는 것은 하도 많이 들어서 오히려 관심을 쏟지 않습니다. 주로 SNS에서 비난한다고 하는데, 저는 그 글들을 본 적이 없어서 몰라요.

　균형을 잡는 것은 정말 중요하지만 어렵습니다. 런던에서 존 스토트(John Stott) 목사님을 만났을 때, 그의 균형 잡힌 사고에 놀랐습니다. 그는 참 지혜로운 분이었습니다. 성경이 뭐라고 말하는가를 살펴 균형점을 찾아 끄집어내려고 애쓰는 사람이었어요. 그래서 성경이 말씀하는 기준에 따라 균형 있게 말하는 것을 그때 알게 되었습니다. 저도 그분의 모본을 따르려고 노력합니다. 성경은 우리에게 균형뿐 아니라 지혜와 용기도 줍니다.

두 대통령에게
편지를 보내다

최종상　목사님은 엄혹한 시절에 3선 개헌을 반대하셨고, 군사 독재 정권을 비판하셨으며 촛불 혁명을 지지하셨습니다. 하지만 정치적 쟁점에 관한 오해나 비난을 받는 것은 박근혜 대통령 하야를 촉구한 기고문 때문에 가속화되지 않았나 생각합니다. 그때를 돌아보면 어떤 생각이 드시는지요?

홍정길　박근혜 대통령에 관해서보다는 보수 우파가 가진 정치관의 문제를 지적하고 싶었어요. 박근혜 대통령은 대통령으로서 적격자가 아니었다고 생각해요. 국가를 위해 노력했던 민족 지도자의 딸로서의 이미지를 지켰다면 좋았을 텐데 하는 아쉬움이 있습니다. 그런 분을 대통령으로 만들어서 소위 보수파 원로들이 섭정을 하려고 시도했다고 생각해요. 그런데 박근혜 대통령이 국민들이 알지도 보지도 듣지도 못했던 세 사람을 시종이나 환관처럼 옆에 두고 정치를 했습니다. 청와대에 근무한 사람이 그럽디다. 여자인 자기도 청와대 근무하면서 한 번도 박근혜 대통령 숙소에 들어가 본 적이 없는데, 나중에 알고 보니 최순실은 수시로 드나들었다고 말입니다.

　촛불 시위 현장에 중·고등학생들도 많이 나왔는데, 아이들의 슬로건이 "이게 나라냐?"였어요. 역사를 배우고 나라의 존귀함을 알아가야 할 시기에 청소년들이 '이게 나라냐'로부터 시작해서야 되겠느냐는 말이에요. 그래서 고민하다가 "당신, 이렇게 하려면 하야하시는 게 좋겠다"고 개인적으로 편지를 드렸습니다.

일주일 동안 아주 고심해서 썼습니다. 사람들은 제가 하야를 종용한 것만 기억하겠지만, 사실 길게 쓴 그 편지에는 박정희 대통령의 업적까지 들며 그 상황에서는 하야가 최선임을 충언하는 내용이 담겨 있었습니다. 탄핵을 추진한다는 소식이 파다했는데 탄핵보다는 하야가 박 대통령을 위해서나 우리나라를 위해서 더 낫다고 생각했습니다. 나름 신중하게 쓴 편지를 박근혜 대통령에게 개인적으로 보냈습니다. 그런데 아무리 기다려도 묵묵부답이에요. 그래서 "하야가 최선입니다"라는 제목으로 편지를 신문에 싣게 되었습니다.

그 후에도 촛불 집회는 계속되었어요. 마침내 탄핵이 발의되고, 국회의 투표를 거쳐 헌법재판소에서 최종 판결을 했지요. 그때 헌법 재판관이 여덟 명이었는데 다섯 명이 우파였어요. 그런데도 최종 판결은 8대 0이 됐단 말이에요. 시대 흐름상 그럴 만한 시기였다고 생각합니다.

최종상 지난 2020년 2월 12일, '말씀과 순명'이라는 목회자 모임에서 설교하신 것을 보도하면서 일부 언론 매체가 "文 취임 후 3년, 너무 고통스럽다"를 기사 제목으로 달기도 했습니다. 사실 시국에 대해 말씀하신 것은 전체 설교 분량의 10%도 채 안 되었습니다만,

그 시국 발언으로 일부 좌편향 기독 언론으로부터 비난을 받으셨고, 심지어 목사님이 이사장으로 섬겼던 기독교윤리실천운동으로부터도 정치적 발언을 삼가달라는 항의를 공개적으로 받기도 하셨습니다.

홍정길　문 정부 아래서 고통스러웠던 건 사실이에요. 왜 고통스러웠냐 하면 기대를 했기 때문입니다. 제가 1966년에 CCC에서 간사로 일하기 시작할 때, 한명숙 전 총리가 대학 3학년, 남편 박성준이 4학년, 김근태도 대학생이었고, 육사 교관이던 신영복이 강사로 참여했습니다. 모두 CCC 멤버였어요. 이 사람들이 '경제복지회'라는 동아리를 만들어 CCC 둥지 안에서 자랐는데, 그들은 평등한 세상을 만들어야 한다고 주장했어요. 그래서 저는 그들이 최소한 아주 정직할 줄 알았어요.

대학생 시절에 봤던 한명숙은 불문학을 전공하는 참 다정다감하고 말도 사근사근 잘하는 문학도 같은 여학생이었어요. 나중에 그의 남편이 된 박성준은 열혈 선동가였고, 신영복은 그 당시에도 명강사였어요. 선동력과 호소력이 뛰어난 강연이 붙어 있었던 거죠. 그들과 CCC 안에 같이 있었기 때문에 그들이 감옥에 갈 때, 사실 가슴이 아프기도 했습니다.

그들이 정말로 정직하다면, 또 최소한 소비에트 연방이 무너지는 것을 보았고, 북한식 전체주의가 가져온 폐해를 보았을 테니 거기서 돌아서겠구나 하면서 사고의 변화를 기대했어요. 그런데 그런 것 같지 않았어요.

한번은 현 정부 고위 관계자한테 "사회를 개혁하려면, 먼저 개혁을 주장하는 사람들이 자기 삶부터 스스로 개혁하는 모습을 보여 주어야 진정한 개혁이 이루어질 텐데, 당신들은 그렇지 못하다"고 일침을 놓았더니 "목사님이 그렇게 말씀하시면, 우리가 고개를 못 들지요" 하고 말하더군요. 아니, 무슨 혐의가 있어서 조사하려고 하면, 왜 혐의 있는 사람들과 관련된 자료가 몽땅 어디로 사라지고 없습니까? 이런 나라가 어디 있어요? 그해 대학교 학적부가 없어지질 않나, 군대 일지가 없어질 않나…. 어떻게 똑같이 이러느냔 말이에요? 그때부터 그들이 진실하지 못하다는 생각이 들었습니다. 그러니 그들이 하는 말을 믿지 말고, 어떻게 사는가를 봐야 해요.

조국 전 장관도 마찬가지입니다. 자녀의 입시 비리 의혹과 관련하여 "우리가 참으로 부족했다. 과거 그 시절에는 모두들 다 그러는 줄 알았는데, 참 죄송하다"고 말했어야지요. 재판에서 다 밝혀지고 있는데도 모조리 아니라고 부정만 하니, 보이는 것마다 속상해요. 진보 진영은 그래도 정직할 것이라고 기대했기 때문에 더 속상했어요.

최종상 그렇다면 많은 국민들이 목사님에게 "박 대통령한테는 아픈 말을 했으면서 왜 이 정권을 향해서 아무 말도 안 하느냐?"고 질책할 것 같은데요?

홍정길 한 가지는 했어요. 문재인 대통령에게 편지를 보냈습니다. 하루는 어느 헌법 재판관을 만났는데, 나라가 큰일 났다고 그래요. "지금 정권에서 헌법 전문에 명시되어 있는 '자유 민주주의'에서 '자유'를 떼어 내려고 한다"는 거예요. 제가 깜짝 놀라서 그럴 리가 있느냐고 물었더니, "목사님이 몰라서 그래요. 관심을 갖고 들여다보세요"라고 하더군요.

며칠 후 TV 토론을 관심 있게 보는데, 청와대 고위 관계자가 "지금까지 자유를 많이 이야기해 왔으니까 이제는 평등을 이야기해야 할 때"라고 말하는 것입니다. 귀가 솔깃하게 이야기를 잘 끌고 가더라고요. 그 후에 헌법 전문 개정안을 만들면서 '자유'라는 글자를 삭제하고, '평등'으로 대체하겠다는 소식을 듣고, 다급한 생각이 들었어요. '이건 아니지!'

한 2주 정도 고민하다가 문재인 대통령에게 편지를 썼어요. 문 대통령과는 2017년 대선 막바지에 그분의 제안으로 2시간 정도 개인적으로 만나 식사를 나누며 대화한 적이 있습니다. 박근혜 대통령에게 쓴 것과 똑같은 톤(tone)으로 정중히 써서 보냈어요. 박 대통령은 그걸 안 받아들여 결국 탄핵으로 내몰렸는데, 문 대통령은 편지 보낸 지 열흘쯤 후에 헌법 전문의 '자유 민주주의'에서 '자유'를 빼지 말라고 직접 지시했더라고요. 만일 문 대통령도 이런 조치를 취하지 않았다면, 박 대통령 때처럼 공개적으로 항의하려고 했어요.

최종상　편지로 그런 내용을 말씀드렸군요?

홍정길　네, 자유 민주주의에 관해 썼습니다. 자유라는 단어를 뺀다면, 자유는 피를 먹고 사는데 감당하실 수 있겠느냐고 물었지요.

제 친구 중에 연극배우가 있는데, 실향민이에요. 술 먹고 나한테 신세타령하기를 자기 아버지가 일본 제국대학을 졸업한 후에 해방돼서 귀국했는데, 평양이 공산화되니까 아무것도 할 일이 없어 가족들을 데리고 남으로 도망 나왔대요. 그런데 이분이 공부밖에 안 해 봐서 그 어려운 시절에 하는 일마다 실패하니 자식들이 죽을 고생을 했다고 하더군요. 그러면서 "그래도 우리 아버지가 잘하신 게 딱 하나 있어. 북에서 남으로 내려오신 것 말이야. 그놈의 자유가 너무 좋단 말이지!" 하고 너스레를 떨었습니다. 그 말이 지금도 생생해요. 정말 그렇잖아요. 그래서 문 대통령에게 쓴 편지에 자유의 역사와 더불어 그런 이야기까지 썼어요. 실향민인 대통령이 이것을 생각해야 한다고 말입니다.

다행히 문 대통령이 헌법에 명시된 자유 민주주의에서 '자유'를 유지해야 한다고 말씀하셨어요. 며칠 후가 제 생일이었는데, 화분을 보내 주시더라고요. 편지에 대한 대답의 의미로 보내 주신 것으로 압니다. 제가 정권에 뼈아픈 말을 글로 쓰고 설교로도 하는데, 지금까지도 매년 보내 주세요. 지금 제 방에 있는 것 중 하나는 대통령이 보내 준 난(蘭)이에요. 감사하죠. 그런데 내가 대통령한테 편지를 썼다고 떠벌릴 순 없잖아요. 지금 물어보니까 이야기하는 거지.

최종상　이거야말로 비하인드 스토리인데, 말씀을 들으니 참 좋습니다. 남들이 모르는 사이에 뒤에서도 나라를 생각하시고, 기도뿐 아니라 나름대로 하기 어려운 말씀과 행동을 하시는 것을 들으니 좋습니다. 문 대통령이 목사님의 고언을 받아들여 방향을 조정했다고 하니 국가적으로도 감사한 일이고요.

홍정길　달라진 분들도 많아요. 현 정부 관계자 중 한 분에게도 혐의를 안 받으려면, 주체사상을 완전히 버렸다고 공식적으로 말하라고 여러 번 조언하곤 했습니다. 하지만 주체사상에 여전히 갇혀 있는 사람들도 있어요. 한명숙 전 총리의 명예 회복을 위해 왜 그렇게 물고 늘어지는지 사람들은 모를 겁니다. 저는 그들을 젊은 시절부터 봐 온 사람입니다.

변화하지 않으면
위험하다

최종상　나라가 어려운 시기입니다. 특히 향후 몇 년이 너무나 중요한데, 여야 정치인들에게 무슨 말씀을 당부하시겠습니까?

홍정길   보수 정치인들이여, 당신들이 왜 그렇게 무지막지하게, 이처럼 창피하게 무너졌는가를 낱낱이 짚어서 회개하십시오. 과거 권위주의 정부 시절의 과오에 대한 깊은 고민 없이 오로지 경제 발전의 열매를 따 먹는 데 열심이었던 과거를 회개하십시오. 그러지 않는 한 여러분이 정권을 다시 장악한다고 할지라도 똑같은 잘못을 반복할 것입니다.

진보 정치인들이여, 당신들이 보수 측을 비판했던 그 비판을 문자 하나 틀리지 않게 그대로 되풀이하고 있으니, 그 잘못을 회개하고 돌이키세요. 자기 잘못을 덮기 위해 역설로 변명하고, 호도하려고 들고, 증거를 없애고, 자기에게 유리한 법을 만들려고 밀어붙이고, 언론의 입을 틀어막으려는 시도를 멈추십시오.

또 여야 정치인 모두에게 부탁드립니다. 우리는 자유 민주주의 체제를 유지·발전시키고, 경제 발전을 가속화하고, 고상한 정신 문화를 함양하여 후손에게 자랑스러운 나라를 물려주어야 합니다. 그러기 위해서 개인의 유불리나 정당의 당리당략을 떠나 통일을 포함한 나라의 먼 미래를 바라보시고 세계 속에 우뚝 서는 대한민국을 세우는 데 힘을 모아 주십시오.

최종상   감사합니다. 일반적으로 대다수 국민이 보수, 진보의 정치 성향을 가지고 있습니다. 그리스도인들도 보수나 진보 성향의 신앙관을 가지고 있어요. 그런데 요새 우리나라는 정치 및 사회 문제에 관하여 서로 용납하지 않고, 이념적으로 대립하는 극한 상황을 보입니다.

부모와 자식 간에도 이념 차이가 있으면, 대화가 어렵습니다. 성도들은 물론 목회자들 중에서도 이념의 정체성을 신앙의 정체성보다 더 앞에 두는 경우가 많습니다. 이런 상황에서 성도들은 어떻게 하면 정치적인 이념과 기독 신앙을 조화롭게 추구하고, 우선순위를 설정할 수 있을까요?

홍정길　저는 제 정체성에 관해 한 번도 감춰 본 적이 없습니다. 저는 그리스도인입니다. 그리스도인으로서 신앙을 이념 위에 놓습니다. 제 정치적 성향은 북한 당국자들도 다 알아요. 진짜 우파는 홍정길이라고 북한 관리들이 이야기했다더군요. 북한 당국에서 저에게 금수산태양궁전과 김일성 동상 앞에서 참배하라고 수없이 강청했지만, 한 번도 가 본 적이 없습니다. 언젠가 묘향산에 있는 국제친선전람관의 김일성 선물 전시관에 간 적이 있는데, 거기에 세워진 김일성 밀랍 인형에 모두 참배하게 하더군요. 우리는 고개를 빳빳이 들고 있었습니다. 그곳에 전시할 선물을 요구해 왔지만, "나 같이 이름 없는 사람의 선물을 여기다 놓으면, 오히려 가치가 떨어지지 않겠느냐?"며 끝까지 거절했습니다. 북한을 그렇게 많이 다녔어도 참

배와 관련해서는 단 한 번도 양보해 본 적이 없으므로 그들이 제 정체성을 잘 압니다.

최종상　마침 말씀을 잘해 주셨어요. 인터넷에서 찾아보니 홍정길 목사의 이념적 정체성을 묻는 글이 몇 개 올라와 있었습니다. 먼저 그리스도인이라는 신앙의 정체성을 가지고 이념과 정치를 바라보아야 한다는 말씀으로 이해하면 되겠습니까?

홍정길　그렇습니다. 사람들은 제가 진보 좌파인지 보수 우파인지 진영을 확실히 밝히기를 바랄지 모르지만 그러면 또 진영논리에 가두어 놓고 말하기를 좋아할 것입니다. 저는 성경의 가르침과 기준을 정치 이념 위에 두는 목회자입니다. 성경의 기준을 따라 좌우 어느 쪽도 지지할 것은 지지하고 비난할 것은 비난하고자 합니다. 저는 지금까지 하나님이 우리나라에 자유를 주신 것에 감사하며 살아왔습니다. 특히 30-35년간 공산주의 국가들을 다니면서 그들의 실체를 많이 봤어요. 그 경험이 나를 진짜 반공주의자로 만들었습니다. 공산주의는 안 되겠구나 하는 확신이 들었기 때문입니다.

　서구도 보수와 진보가 나뉘어 있어요. 그러나 서구의 사회주의는 왕권신수설의 왕정 밑에서 국민 개개인의 자유를 넓히고, 또 어려운 국민을 어떻게 사회적으로, 경제적으로 돌봐야 하는가를 고민하던 그리스도인들이 만든 정책 형태예요. 그 시작이 하나님이었습니다.

그러나 공산주의 체제에서 말하는 사회주의는 그와 다릅니다. 칼 마르크스(Karl Marx)는 하나님이 없다는 전제하에 공산주의를 시작했단 말이에요. 그러니 결국 감시 체제의 빅브라더 국가로 갈 수밖에 없어요. 하나님을 빼고 평등을 이야기하면, 빅브라더 세계가 됩니다. 그러므로 '사회주의'라는 같은 단어를 쓴다고 해서 그 의미를 혼동하거나 속아서는 안 됩니다. 서유럽의 왕정 시대에 성경적 사회주의를 만들기 위해서 그리스도인들이 얼마나 고생했는가를 정식으로 배워야 합니다. 그런 면에서 역사 교과서를 새로 써야 할 것입니다.

유신론적 사회주의와 무신론적 사회주의는 근본적으로 다르기에 분리해서 이야기되어야 합니다. 하나님을 향한 신앙을 신실하게 고백하는 데서 출발한 사회주의라면 서로 교류해야 합니다. 서구 유럽이 그렇잖아요.

그런데 북한이 주체사상으로 넘어가자 남한에서는 마르크스-레닌주의를 자체적으로 공부했던 사람들이 북한의 주체사상을 새롭게 가미하여 서구 사회주의인 듯이 포장했습니다.

현 정부의 한 고위 관계자가 찾아왔길래 "당신들이 생각하는 정치 체제가 정말로 무엇이냐?"고 물었어요. 그랬더니 메르켈적인 사회주의를 하고 싶다고 해요. 앞뒤가 맞지 않아요. 독일 기독민주당(CDU)의 메르켈 총리는 사회주의자가 아닙니다. 그는 보수 우파이자 자유 민주주의의 신봉자입니다. 정작 독일은 통일이 되자 사회주의라는 말을 안 썼습니다. 통독 1년 뒤 독일 학자들을 대상으로 조사를 했더니 단 한 명을 제외하고는 모두 자신은 사회주의자가 아니라고 말했습니다.

제2차 세계대전 후 역대 독일 정권이 보수나 진보를 막론하고, 모두 미국과 우방이었으며 구소련이나 지금의 러시아와는 정치적으로 대립 노선을 일관되게 유지했던 것만 봐도 알 수 있지 않아요?

최종상　그렇습니다. 메르켈 총리가 보통 그리스도인이 아닌 것으로 알고 있습니다.

홍정길　맞습니다. 그 부친이 동독에서 기독교가 말살되던 시절에 복음을 전하기 위해서 서독 함부르크에서 일부러 동독으로 건너갔던 루터교 목사예요. 목회자들과 성도들이 동독에서 서독으로 모두 피난 나올 때, 어떻게 목자가 양 떼를 떠나느냐며 1954년에 태어난 갓난아이 앙겔라를 데리고 동독으로 들어갔던 사람입니다. 그 어린 딸이 자라 통일 독일의 지도자가 되어 엄청난 일을 한 거지요.

그래서 제가 그 정부 인사한테 이렇게 되물으며 조목조목 따졌지요.

"메르켈 총리가 한 일을 봤습니까? (중도)우파인 기독민주당(CDU) 출신의 메르켈이 사회민주당(SPD)의 게르하르트 슈뢰더(Gerhard Schroder) 총리가 했던 좋은 정책들을 그대로 이어받아서 계속했습니다. 그런가 하면 슈뢰더 총리는 통일 전에 서독 기독민주당의 아데나워 초대 총리의 정치적 지도력과 루트비히 에르하르트(Ludwig Erhard) 2대 총리의 경제 정책이 조화를 이루면서 패전의 잿더미에서 라인강의 기적을 이루어 세계적인 경제 대국으로 부상하는 초석을 마련한 실적과 원리를 인정하고 이를 이어 갔습니다.

게다가 슈뢰더는 사회주의자였지만, 기독민주당이 심었던 기독교적 가치를 계승하며 나라를 이끌었어요. 자신의 최대 지지 기반인 노조의 반대를 무릅쓰고 노동 시장을 개혁했고, 복지 지출을 줄여 일자리 창출에 매진했습니다. 그래서 슈뢰더 총리 때 독일 경제가 크게 번영했습니다. 기독민주당과 사회민주당, 슈뢰더와 메르켈 총리가 통합의 정치를 한 것이지요. 그러니까 우리도 통합의 정치를 해야 한다는 말입니다."

그제야 그가 "아, 그러네요" 하며 수긍을 했어요.

서구 사회주의는 기독교적인 자정(自淨) 능력이 있어서 틀린 것을 계속 고쳐 나갑니다. 그러나 공산주의에서는 잘못을 시인하는 지도자가 한 명도 없었어요. 누가 있어요? 마르크스, 레닌, 스탈린, 모택동, 김일성. 어느 누가 잘못했다고 시인한 적 있습니까?

공산주의는 이미 망했어요. 앞으로도 망할 것입니다. 무엇 때문에 망했습니까? 이론이나 철학 사상 때문이 아니라, 잘못한 것을 잘못했다고 인정하고 교정하지 않았기 때문입니다. 기독교에서 회개(悔改)라 말하는 자정의 노력을 하지 않아요. 자정 능력이 아예 없어요.

아직도 베일에 싸여 있어서 정확한 수치는 파악하기 어렵지만, 공산주의 혁명이 일어난 후, 러시아의 레닌이 1천5백만 명, 스탈린이 2천만 명, 모택동이 2천만 명을 혁명의 이름으로 학살했습니다. 우리 민족도 공산화를 시도한 전쟁으로 최소한 3백만 명의 사상자가 생겼어요. 공산주의 체제가 이렇게 흉악한 범죄의 결과를 가져왔습니다. 그럼에도 불구하고, 그 누구도 책임을 지거나 처벌받은 적이 없어요. 아무것도 변한 게 없는 겁니다.

사람은 누구든지 삶의 뒤안길이 있고, 잘못이 있을 수 있습니다. 그러나 잘못을 교정하지 않으면, 사회가 어떻게 발전할 수 있겠습니까? 공산주의 국가는 그대로 갈 것이고, 그 잘못을 가리기 위해서 독재를 강화할 것입니다. 그래서 지금 남아 있는 공산주의 국가들은 조지 오웰(George Orwell)이 《1984》에서 말한 빅브라더 국가로 가고 있어요. 우리는 이런 현실을 직시해야 합니다.

"

단순히 말만 듣지 말고,

실제인가를 살펴봐야 합니다.

실제가 없는데 말만 하는 것은

듣지 말아야 해요.

실제가 없는 말은 사기일 뿐입니다.

4. 우리의 소원은 통일인가

평화 통일은
요원한가

최종상 통일 독일 얘기를 하셨습니다만, 목사님은 보수 정권이나 진보 정권을 불문하고 오랫동안 남북나눔운동을 이끌며 대북 지원 사업을 추진해 오셨습니다. 그래서 누구보다도 통일에 대해서 많이 생각하며 기도하셨을 것 같습니다. 통일을 어떻게 이루어야 한다고 생각하시는지요? 정부 인사들에게는 어떤 조언을 해 주시겠습니까?

홍정길 평화 통일!

최종상 한마디로 정리해 주시네요. 설교와 책에서 이스라엘의 통일과 독일의 통일을 우리 통일의 모델로 제시한 바 있으신데요.

홍정길 평화 통일은 역사적으로 그 두 경우밖에 없었어요. 저는 그걸 참 신비롭게 느낍니다. 이스라엘의 열한 지파와 나머지 한 지파가 간극(間隙)의 벽을 두껍게 쌓아 올리고서 전쟁을 계속했어요. 그런데 다윗 때 어떻게 그 벽을 헐고 평화적으로 통일을 이루었을까요? 기적이란 말이죠.

동서독 통일도 헬무트 콜(Helmut Kohl) 총리가 했다거나 한스디트리히 겐셔(Hans-Dietrich Genscher) 외무장관이 했다고들 말하는데, 다 헛소리예요. 가장 결정적 역할은 독일 교회가 했어요. 그런데도 역사에는 정치인들 이름만 남더라고요. 역사에 누구 이름이 남는가는 상관없지만, 하나님의 역사에서 우리가 어떻게 기록되는가는 중요한 거 같아요.

제가 목회하던 남서울교회나 남서울은혜교회에는 재미있게도 좌파와 우파가 같이 있었어요. 좌파 성향의 목사들도 있었던 터라 제가 오해를 받기도 했어요. 그런가 하면, 사비를 털어 북한의 어려운 실상을 파헤쳐 책으로 엮고, 영어로 번역해 전 세계에 뿌리는 그룹도 있었어요. 그중 한 분을 〈더타임즈〉(The Times) 아시아판에서 아시아의 영웅으로 지목해 특집 기사를 낸 적이 있습니다. 또 우리 교회 통일선교위원회에서 탈북자 자녀들을 위해 만든 여명학교를 열심히 돕는 사람도 있었고요.

우리 교회에는 탈북 동포들이 참 많습니다. 조용하게 살아가는 사람이 있는가 하면, 또 포럼에 나가서 현 정권과 좌파를 통렬히 비판하는 사람도 있어요. 어떤 사람은 우리 교회와 남북나눔운동의 지원을 받아 러시아 블라디보스토크에 가서 감자 농사를 지어 그곳 고려인들을 살리고, 수확한 감자를 북한에 1천8백여 톤이나 보내기도 했습니다. 누구도 방해받지 않습니다.

그렇게 사역하니까 저보고 좌파라고 하는 교인들이 없어요. 오히려 저를 좌파로 낙인찍으려는 우파 사람들이 있어요. 그중 어떤 분들이 몇몇 교인들에게 집요하게 접근하더라고요. 저는 단순한 목회자이지만, 함부로 거칠게 말하는 사람들과는 같이하기가 어렵습니다.

최종상　북한 동포를 위한 가장 큰 지원은 통일이 아니겠습니까?

홍정길　국가적으로 직면한 가장 큰 숙제가 통일입니다. 자유를 주는 것보다 더 소중한 건 없어요.

북의 아이들을
먹일 수만 있다면

최종상　남북나눔운동은 어떻게 시작하여 참여하시게 되었습니까?

홍정길　남북나눔운동은 제가 원해서 시작한 것이 전혀 아닙니다. 처음에는 보수, 진보 목사들과 신학자들이 모여서 통일 문제를 놓고 기도하자고 해서 우리 교회를 모임 장소로 제공했을 뿐입니다.

　당시는 김영삼 대통령이 취임한 직후였습니다. 김 대통령이 출석하던 충현교회 담임 목사였던 신성종 목사님이 만장일치로 사무총장으로 추대되었어요. 그런데 이분이 첫 모임에 안 오신 거예요. 아무리 전화해도 통화가 안 돼요. 나중에 알고 보니 여러 장로가 신 목사님의 참여를 반대했다는 겁니다. 이분이 미안하니까 모임에도 나오지 않고, 전화도 안 받았던 거예요. 그 후 양 진영에서 각각 몇 분을 후보로 추천했는데, 서로 상대 후보를 반대했습니다.

　결국, 중구난방으로 시끄럽게 되어 난감해졌는데, 뜬금없이 어떤 분이 제 이름을 얘기하더라고요. 저는 그 일에 오래 관여한 사람도 아니고, 기도회를 한다고 해서 장소를 제공하고 참석했을 뿐인데 일할 사람을 세워야지, 왜 이러실까 하고 생각했어요. 그런데 아무도 반대를 안 해요. 제가 어느 교단에서든 정치에 개입해 본 적이 없고,

학생 사역만 했던 사람이라 오히려 장점이 있다고 말하는 사람도 있었어요.

저는 못 한다고 단호히 말하고, 계속 요구하면 다음부터는 참석하지 않겠다고 엄포를 놓았어요. 그런데 어르신들이 그러는 거 아니라고 조언하기에 그렇다면 기도는 해 보겠다고 한 발 물러섰습니다. 사실, 기도도 하지 않겠다고 마음먹었어요.

일주일 말미를 줬는데, 대답해야 할 기한이 된 전날 밤 11시경에 한 정부 기관에서 연락이 왔습니다. 저를 존경하는 어느 교회 장로라면서 앞으로 어려움을 겪을 것이니 남북나눔운동 사무총장을 맡지 말라며 상당히 고자세로 말했어요. 그래서 제가 "당신, 나를 존경한다고 그러면서 야심한 밤에 얼굴도 내비치지 않고 협박하듯 말하는 게 온당한 태도입니까? 이 일을 맡지 않으려고 작정했지만, 이 일자체는 좋은 일이라고 생각합니다"라고 말해 주었습니다.

강압에 의해 좋은 일을 취소하고 싶지는 않았어요. 그래서 남북나눔운동 사무총장에 취임하게 되었습니다. 그러니 결국 정부가 저로하여금 그 일을 맡도록 만든 셈이지요. 그 협박성 전화가 없었더라면, 절대로 맡지 않았을 텐데 말입니다.

처음에는 1-2년만 맡아서 하려고 했는데, 5년 동안 계속했어요. 일하면서 보니까 북한 당국자들이 밤낮 거짓말하고, 협박하려고 들고, 말에 밀리면 무안해서 큰소리로 무마하려고 무례하게 대하고, 또 우리가 돕는 입장인데도 오히려 우리를 아쉬운 사람으로 몰아가고, 지원품이 어떻게 쓰이는지 확인하겠다고 하며 얼마나 힘들게 하던지…. 더 이상은 절대로 안 하겠다고 굳게 결심했어요.

그 무렵에 북한에서 토론토대학교 간호학과 메릴린 와인가르트너(Marilyn Weingartner) 교수를 만났어요. 남편 에리히 와인가르트너(Erich Weingartner)가 UN 기구인 세계식량계획(World Food Program, WFP)의 북한 대표로 와 있었습니다. 제가 평양의 봉수교회에 가면 같이 예배를 드렸는데, 한 번도 서로 인사를 나누지 못했어요. 북한 체제는 외부에서 온 사람들끼리도 절대로 만나지 못하게 막기 때문입니다. 통제 국가의 특징이지요.

한번은 봉수교회에서 제게 설교를 부탁했습니다. 그런데 설교는 못 하겠더라고요. 그 대신, 찬양을 맡겠다고 했어요. 찬송가 384장 〈나의 갈 길 다 가도록〉을 불렀는데, 찬양하기 전에 찬송가를 소개하며 간증을 했어요.

"이 찬송은 일제 강점기에 신사참배를 반대하다가 1937년에 대전 감옥에 투옥되어 몸이 약해져서 출소한 후 소천하신 우리 외할머님이 잘 부르셨던 찬송입니다. 저는 대학에 들어가자마자 집을 떠나 예수를 안 믿기로 작정하고 교회를 안 다녔습니다. 예수를 믿는 의미를 몰라서 방황하며 예수를 안 믿으려고 몸부림쳤습니다.

그러다가 1965년 7월 24일에 예수님을 영접했습니다. 다시 태어난 날이지요. 그렇게 예수님을 만나고 나서 제 삶이 바뀌었습니다. 제가 그처럼 멸시했던 찬송이 지금은 나의 찬양이 되었습니다."

간증을 마치고 나서 찬송가를 부르는데, 앞에 앉은 와인가르트너 교수가 막 울더라고요. 물론, 그때도 예배 후에 대화를 나누지는 못했어요.

그 후에 와인가르트너 교수가 서울을 방문하여 만나자고 연락을 해 왔습니다. 한국 교회에 알려야 할 긴급한 사안이 있다고 하더군요. 그래서 몇 사람이 함께 모였습니다. 북한에 있을 때, 유럽의사회와 평양 주재 의료 NGO가 평양 주변의 두 살 이하 어린이를 대상으로 영양 상태를 조사했답니다. 표본 집단을 만들어서 3천 명쯤 조사했다고 합니다. 다른 팀들은 얼마나 조사했는지는 모른다고 했습니다. 자기가 조사한 3천 명의 자료를 정리하는데, 북한 당국이 갑자기 중단시키더니 그때까지 작성한 서류를 모두 가져갔다고 합니다. 다행히도 자료를 습관적으로 컴퓨터에 다 입력해 놓아 나중에 컴퓨터에 입력된 자료를 분석해 보고는 깜짝 놀랐다고 말했습니다. 급성 영양실조율이 16.8%나 되었기 때문입니다.

저는 급성 영양실조라는 것도, 16.8%가 무엇을 의미하는 것인지도 알지 못했습니다. 그가 설명하기를 자기 남편이 르완다와 소말리아에 있을 때, 거기서도 영양실조 표본 조사를 했는데 참혹한 전쟁 현장에서도 12%를 넘는 경우가 없었답니다. 그런데 북한에서는 16.8%나 나온 것입니다. 제가 그 숫자의 의미를 선뜻 이해하지 못하자 와인가르트너 교수가 알아듣기 쉽게 한마디로 요약해 주었습니다. 이 정도의 영양실조면 생명에 위협이 되든지 결정적인 장애 요인이 된다는 뜻이라고요.

사람은 키가 작아도 살 수 있다고 합니다. 와인가르트너 교수가 남한과 북한을 다녀보니까 두 민족의 체형이 달라지고 있더랍니다. 북한 남자들은 키 150cm면 다 큰 셈이라고 합니다. 남한의 중학생보다 작은 키의 사람들도 북한에서는 군인이 된다는 것입니다. 그래도 체형은 삼 대에 걸쳐 영양 보충을 계속하면 다시 돌아올 수 있다고 합니다.

하지만 뇌는 생후 24개월까지 95%가 자라는데, 이때 영양결핍으로 뇌가 손상을 입으면 결정적 장애가 생겨 정신지체아가 되고 만다는 것입니다. 저는 장애인 학교를 운영하기 때문에 '정신지체아' 소리를 들으면 금방 알아듣습니다. 정신지체아 가족이 얼마나 고생하는지 많이 봐 왔거든요. 그 말을 들으니 정신이 번쩍 들었습니다. 와인가르트너 교수가 마지막에 눈물을 흘리며 이렇게 말했습니다.

"목사님, 당신의 동족인 북한의 어린이들이 모두 정신지체아가 되는 저주를 한국 교회가 막아야 합니다."

아니, 내가 울어야지, 왜 교수가 웁니까? 저는 적잖이 충격을 받았습니다. 그다음부터 북한의 영아들에게 이유식을 줄 수만 있다면 누가 발로 차도 북에 가고, 멸시하고 오해해도 북에 갔습니다. 그러다 보니 5년만 하고 더는 절대로 안 한다고 한 것이 30년 가까이 계속하게 되었습니다.

최종상　북한을 오래 다니시다 보니 오해도 받고, 비난도 받으셨는데요. 은연중에 북쪽의 실상을 공개하고 싶은 유혹을 받지는 않으십니까?

홍정길　제가 북한에서 겪은 이야기는 아무 데서도 하지 않습니다. 방북 보고서와 같은 글을 쓰거나 북한 관련 강연에 나간 적이 한 번도 없습니다. 그 참담한 실상을 일일이 자세하게 말할 수 없을뿐더러 그 일로 자칫 아이들이 먹을 이유식의 공급이 중단되면 안 되기 때문입니다. 북한 당국은 모든 활동을 모니터링합니다. 내가 어디 가서 설교하든지 그들이 전부 모니터링할 텐데, 그런 이야기를 하면 다음에 저를 북에서 받아들이겠어요?

　저는 북한에서 부탁해 오면 조건을 하나씩 붙이곤 합니다. 한번은 황해북도 천덕리에 집을 지어 달라고 해서, 인근 지역 아이들에게 이유식을 먹일 수 있는 루트를 만들어 주면 건축해 주겠다고 했어요. 협상 끝에 500채를 지어 주었습니다. 도움이 필요한 건 그들인데, 왜 항상 우리 쪽에서 아쉬운 소리를 해야 하는지 모르겠습니다. 그래도 제가 직을 맡고 있는 한은 북한을 비난하지 않겠다고 다짐했어요. 하나님이 북한 동포들을 도와주라고 저를 세우셨으니, 제 기분이 좋든지 나쁘든지 상관없잖아요?

　그런데도 어떤 사람들은 나보고 북한을 욕하지 않는다고 비난해요. 왜 목사가 욕을 해야 합니까? 제가 안 해도 북한 나쁘다고 이야기하는 사람들이 얼마나 많은데, 나까지 그럴 필요는 없지요. 괜한 구설수에 올라 북한의 영아들에게 이유식을 전하지 못하게 되는 불상사는 피하고 싶어요.

그런 마음으로 북한 아이들에게 이유식을 먹이기 위해서 이 일을 계속해 오는 것이지요. 앞으로도 UN의 대북 제재가 풀리면, 이 일만큼은 곧바로 재개되어 한다고 생각합니다. 사람을 살리는 일이니까요. 제 마음이 그래요.

변화는
보는 데서 시작된다

최종상 목사님의 경험에 비추어 볼 때, 어떻게 하면 북한에 변화의 바람을 불러일으킬 수 있을까요?

홍정길 첫째, 남북한이 한 동포라는 사실을 일깨워 줄 수 있는 몸짓을 계속 보내야 한다고 생각합니다. 북한 정권이 무너졌다고 가정해 보세요. 곧바로 통일될까요? 아닙니다. 남쪽에서 군대가 들어갈 수 없어요. UN이 인정한 국가인데, 다른 나라 군대가 어떻게 들어갈 수 있겠습니까? 절대로 안 됩니다.

결국, 남북통일은 투표를 통해서 결정되어야 합니다. 독일도 공식적으로는 투표를 통해 통일되었습니다. 그러려면 북한 동포들에게 남쪽을 보여 주며 우리가 당신들을 사랑한다는 메시지를 전달하는 것이 제일 낫다고 생각합니다.

문재인 대통령이 했던 대북 정책이 마음에 안 드는 것도 많지만, 딱 하나 잘했다고 생각되는 것은 문 대통령이 평양을 갔을 때 평양 시민들에게 허리를 굽혀 인사하신 것이에요. 그때 김정은이 뒤에서 못하게 잡아당기더라고요. 북한 주민들에게는 충격적인 광경이었을 것입니다. 지도자가 머리를 숙이는 모습을 본 적이 없을 테니까 말입니다. 남쪽 대통령은 고개를 숙이니 형편없다고 생각하는 사람도 있었겠지만, 그중에 생각 있는 사람들은 다 깨달았을 것입니다.

둘째, 북한 사람들의 생각을 터 주어야 해요. 예를 들면, 우리 교회에 희한한 성도가 한 분 있었습니다. 그 아버지가 김일성의 심복으로 병참 참모장이었는데, 6.25 전쟁 때 폭격에 맞아 돌아가셨답니다. 그러자 김일성이 그의 세 아들을 만수대 혁명학교에서 살게 했답니다.

둘째 아들이 중학교 때부터 제트기 조종을 배우더니 공군에 입대하여 동유럽으로 유학까지 떠났습니다. 마침 소비에트 연방이 무너지자 북한에서 소환령을 내렸는데, 이 청년이 귀국하지 않은 겁니다. 그 바람에 출신 성분이 좋은데도 불구하고 가족이 모두 아오지 탄광으로 끌려가고 말았습니다.

어느 날, 둘째가 형제들을 구하려고 연길까지 와서 맏형을 불렀답니다.

"형님, 바깥세상은 다릅니다. 제발 북에서 가족을 모두 데리고 나와서 인간답게 삽시다."

형이 부인과 의논했는데, 그만 부인이 고발하는 바람에 다시 비참하게 끌려갔습니다.

퇴근길에 맏형 집에 들렀던 막내가 우연히 그 광경을 목격하고는 곧장 연길로 도망쳐서 둘째 형에게 연락을 취했습니다. 그런데 막내가 둘째 형을 보자마자 멱살을 붙잡고, "너 살자고 형님과 가족을 다 죽여 영광스러운 우리 가정을 다 망하게 했느냐?"고 호통을 치며 뺨을 때리고, "우리 장군님은 인민을 위해서 잠도 두세 시간밖에 못 주무시고, 조국 번영을 위해서 밤낮없이 고생하시는데, 형은 국가에서 유학까지 시켜 줬더니 자기 영달을 위해 비겁한 짓을 했느냐"고 다 그쳤답니다.

말없이 맞고 있던 둘째가 동생한테 "야, 무식하면 상식이라도 있어야지. 그렇게 두세 시간밖에 못 자고. 쪽잠 자며 고생하는 사람이 어떻게 두꺼비처럼 뚱뚱할 수 있겠느냐?"고 물었습니다. 그 순간, 동생의 머리가 팽 돌아 버리더랍니다. 그래서 결국 탈북하여 우리 교인이 되었습니다. 그가 바로 삼 형제 중의 막내입니다.

이처럼 우리가 북에 가서 하는 말 한마디, 몸짓 하나가 그곳에서는 충격을 주는 새로운 전기(轉機)가 됩니다. 그래서 저는 남북 간에 교류를 많이 해야 한다고 생각합니다.

한가지 실화를 더 말씀드릴게요. 이명박 정부 때 남북나눔운동에서 만경대 학생소년궁전의 30년 된 스피커를 다 바꿔 줬어요. 그때까지 쓰던 기존 시스템과 다른 탓에 북한 기술자들 대신에 남한 기술자들이 가서 설치해 주어야 했습니다.

우리 기술자들이 공정 하나하나를 철저히 하고, 하루 일이 끝나면 가져갔던 기자재들을 모두 깨끗하게 닦아 가지런히 정리해 놓고, 설치 작업이 끝난 뒤에는 모든 기계와 도구들을 다 말끔하게 싸 가지고 돌아왔어요. 당시에 이를 지켜보던 북한 기술자들이 남쪽에서는 매사에 일을 이렇게 정확하게 하느냐고 묻더래요. 이렇게 철저하게 하지 않으면 사업이 안 된다고 했더니 찬탄을 금치 못하더랍니다.

이렇게 남한의 일하는 방식과 사고방식을 보여 주는 것이 그들을 변화시키는 지름길이 됩니다. 북한 사람에게 남쪽을 알려 주려면, 우리 삶과 정신세계를 보여 주는 게 필요해요. 그러므로 남북 교류를 계속해야 한다고 생각합니다.

최종상　그간 민간 교류를 통해 북한의 변화를 시도해 왔는데, 한류 영화도 남한의 가치와 삶을 알리는 데 큰 몫을 하는 것 같습니다. 대북 전단을 보내는 것도 한 방법이지만, 근래 법적으로 금지되었지요.

홍정길　독일의 경우를 보면, 그들은 감정적으로 부딪힐 만한 문제들은 되도록 피했어요. 욕하고 싶으면 다른 나라가 대신 하도록 했습니다. 그러나 사실 관계는 언제나 정확하게 이야기했어요. 틀리면 틀렸다고 말하되, 감정적인 단어를 쓰는 것과 쓰지 않는 것에는 굉장한 차이가 있습니다. 우리나라 정치가들은 남을 심하게 헐뜯는 것이 일종의 기술이자 용맹이요 또 지혜인 듯 착각하는데, 문제 해결에는 아무 쓸모가 없습니다. 북한 사람들이 잘못하는 것이 보이면, 이번 일은 당신이 분명 잘못했다고 사실 관계를 정확하게 말해 줄 필요가 있습니다. 무조건 이기려고 따지듯이 싸울 게 아니라 사실 관계를 짚고, 언짢은 느낌을 천명하고 거기서 딱 끝내면 됩니다. 그렇게 몇 번 반복하고 나면 그들이 스스로 조심할 것입니다.

예를 들면, 언제나 회담 대표로 나오던 북측의 경제통 관리가 너무 고약스러워서 제가 네 번이나 불편한 기색을 하며 지적했더니 그 다음 회담부터는 안 나오더군요. 또 한번은 어떤 관리가 불편하게 하여 북경에서 만난 북한 외교관들에게 그 사람이 그럴 수 있느냐고 항의하고, 또 블라디보스토크 북한 영사관에 가서도 이 사람이 이렇게 저렇게 잘못했다고 지적했더니 문제의 인물이 회담장에서 사라져 버리더라고요.

북쪽 사람들은 남쪽 사람들을 골탕 먹여 놓고는 무용담처럼 자랑하곤 합니다. 그러니 감정을 드러내지 않으면서도 사실 지적은 정확히 해 주어야 합니다. 북한에서는 우리 대통령을 '삶은 소대가리'에 빗댄 것을 평생 자랑삼아 말할 겁니다.

기독교를 가장 핍박하는 나라, 북한

최종상　　국제오픈도어선교회(Open Doors International)가 매년 기독교를 핍박하는 나라들의 순위를 매겨 〈세계 기독교 박해 지수〉를 발표하는데, 북한은 2002년부터 2021년까지 20년째 연속 1위를 달리고 있습니다.

　우리 민족이 분단된 이후에 남한에서 북한 동포와 교회를 위해서 얼마나 기도해 왔습니까? UN 제재가 있기 전까지는 한국 교회가 대북 지원을 계속해 오지 않았습니까? 한국 교회가 북한을 위해서, 특별히 지금도 신앙을 지키고 있는 북한의 형제들을 위해서 어떤 일을 해야 할까요?

홍정길　　저는 국내에서 북한 교회에 관해 이야기하는 사람들의 말을 다 신뢰할 수가 없어요. 특히 북한에 가서 지하 성도들을 만났다고 하는데, 신뢰하지 않습니다. 북한이 어떤 사회인데요. 제가 호텔 방에 있다가 모기가 있어서 "야, 모기 있다" 하고 잠깐 나갔다가 들어왔더니 모기향이 탁 피워져 있더란 말이에요. 전 국민을 3인조로 묶어 놓고, 한 사람이 하는 일은 두 사람이 알도록 시스템을 만들어 놨지 않습니까? 그런 사회에서는 실제로 지하 성도들을 만났더라도 그들을 보호하기 위해서는 아무 말도 하지 말아야 합니다.

한 15년 전쯤에 〈중앙일보〉가 북한에서 한 성도가 극동방송에서 불러 주는 성경을 받아 쓴 필사본을 가져왔다고 1면 기사로 내보낸 적이 있어요. 제가 보니 가짜예요. 증거가 있어요. 마지막에 "남한 동포를 그리워하며"라고 쓰여 있었는데, 북쪽에는 '남한'이라는 단어가 없어요. 남녘 또는 남조선이라고 부르지 남한이라고 하지 않아요. 그들은 대한민국이 뭔지도 몰라요.

우리가 블라디보스토크에 학교를 지을 때, 북한 노동자 30여 명과 같이 일을 했어요. 그때가 마침 2002년 월드컵 때였는데, 그들을 위해 조그만 텔레비전을 따로 놔 줬지만, 우리가 보던 큰 텔레비전을 함께 볼 때도 있었어요. 그런데 우리가 "대한민국!" 하고 응원하니 자기들도 똑같이 "대한민국!"을 외치며 박수를 쳤어요. '대한민국'이 '크게 힘내라' 정도의 말인 줄 알았나 봐요. 나중에 대한민국이 우리나라 국호인 줄 알고 얼마나 난감해하던지…. 이것이 바로 북한의 현실입니다.

독일 통일 후에 동독의 정보기관이었던 국가보안부 슈타지(Stasi)가 동독에서 사역하던 서독 사람들의 행적을 기록한 자료가 공개되었습니다. 자기 것은 20년, 남의 것은 50년 후에나 기밀문서가 해제돼요. 서독 사람들이 도와주었던 동독 사람들의 이름과 내용이 상세히 기록되어 있는데, 60% 정도는 속아서 잘못 도왔던 것이고, 30% 정도는 그나마 제대로 도와줬고, 나머지 10%는 도무지 알 수 없는 것으로 나누어지더랍니다. 대개 당시 슈타지가 동독을 점령한 소련군의 정보부 KGB의 지령을 받아 그리스도인으로 가장해서 연출했던 것이라고 합니다. 지금은 그들의 이름을 전부 찾아볼 수 있다고 해요.

북한 성도들에 관한 내용도 이와 비슷할 겁니다. 동독보다 더하면 더했지 덜하진 않을 것입니다. 평양의 봉수교회나 칠골교회도 다 그럴 거예요. 북한에서 신앙을 지키려면 얼마나 큰 어려움을 겪어야 하는지, 그건 말로 표현할 수가 없죠. 그러니 누구를 봤다느니 만났다느니 하는 사람들의 말을 어떻게 믿겠습니까?

최종상 우리가 할 수 있는 일은 이런 아픔을 하나님께 아뢰면서 북한 땅에 주권적인 긍휼을 베풀어 주시기를, 북한 성도들이 강건하여 믿음을 지킬 수 있도록, 또 하나님의 장기적인 뜻이 이루어지길 기도하는 수밖에 없겠네요.

홍정길 그렇지요. 계속 기도하는 것이 지금으로서는 가장 중요합니다. 동시에 지원도 해야 합니다. 북한 사역하는 분들이 중국 동포들을 통해서 북한에서 하는 일 중의 대부분이 북에서 아는 사역입니다. 북한에 이득이 되니까 아직 놔두는 것 아닐까 생각해요. 한편, 가짜가 아닌 것도 있으리라 봅니다. 동독에서도 30% 정도는 제법 제대로였다고 하니까요. 북한의 실제 지하 성도의 비율은 그보다 낮을 것으로 생각되지만, 우리는 계속 노력해야 합니다. 지금이라도 할 수만 있다면, 두 살 이하의 영아들에게 이유식만큼은 반드시 보내 줘야 한다고 생각합니다.

5. 황장엽 선생과의 특별한 만남

주체사상에
반론을 제기하다

최종상 북한 이야기를 나누다 보니 목사님과 황장엽 선생과의 특별한 만남에 관해 여쭈어 보고 싶습니다. 괜찮으시다면 조금 상세히 들려주시겠습니까?

홍정길 25년 동안 남북나눔운동을 하면서 북한을 왕래해 왔고, 외국에서 북한 사람들과 관련 회의를 하면서 늘 수석대표로 나왔던 전금철 씨(본명이 아닐 확률이 높지만)를 비롯하여 꽤 많은 사람을 만나 볼 기회가 있었어요.

1996년 어느 날, 한국기독교교회협의회(NCCK) 권호경 총무가 숙명여대의 김숙향 교수를 소개해 주었는데, 그 자리에서 김 교수는 북한의 조선노동당 황장엽 국제 담당 비서가 나를 보기 원하니 만나보면 어떻겠냐고 제안했습니다. 당시 우리는 사단법인 남북나눔을 설립하고, 북한에 식량을 지원할 방법을 연구하면서 전달 루트를 찾고자 애쓰던 시기였기 때문에 그 제안을 기꺼이 수락했습니다.

그해 8월, 북한이 '고난의 행군'을 지나던 시기에 황장엽 전 노동당 비서를 만나기 위해 NCCK 통일 위원회 담당자들과 남북나눔운동의 신명철 장로와 김경민 간사와 함께 중국 심양으로 향했습니다. 심양에 도착한 다음 날 아침, 북한 사람들이 자주 이용한다는 호텔로 이동하여 황장엽 선생이 쓰던 스위트룸으로 안내를 받았는데, 동행인들은 모두 나가고 그분과 저, 단둘만 남게 되었습니다. 모두 식량 지원을 위한 실무 회담을 준비하기 위해 나가겠다고 해서 그런 줄로만 알았습니다.

황장엽 선생이 제 이력을 상당히 정확히 알고 있더군요. 예전에도 북한 측 관계자가 방북하는 주요 인사들의 자료를 항상 손에 쥐고 다니는 것을 봤기 때문에 별로 이상하게 생각하지 않았습니다. 황 선생이 먼저 말문을 열고 질문했습니다.

"홍 목사 선생, 주체사상과 공산주의가 어떻게 다른 줄 아시오?"

"황 선생님, 저는 그렇게 심오한 문제는 잘 모릅니다. 한국 교회에서 일하라고 머슴으로 불러주었기에, 이번에도 어떻게 하면 서로 도울 수 있을지 가능성을 타진하기 위해 온 것뿐입니다"라고 대답한 뒤에 남북나눔 모임이 만들어진 배경을 설명하며 출장 온 목적에 관해 말을 이어 갔습니다.

그런데 제 말이 잠시 끊어진 사이에 황 선생이 불쑥 이렇게 말했습니다.

"공산주의는 머티리얼리즘(materialism: 유물론)이고, 주체사상은 휴머니즘입니다."

그러고는 물질주의를 넘어 인간 중심의 세계관에 대해서도 나름대로 견해를 덧붙여 열심히 설명해 주었습니다. 황 선생이 조용조용하게 말하는 모습을 보니, 문득 제가 항상 존경하던 한경직 목사님이 떠올라 그에게 호감이 갔습니다. 그래서 한참 그와 이야기를 나누었습니다. 당시 저는 북한에 식량을 원조하며 교류할 방법에만 관심이 쏠려 있었기에 그가 한 말은 모두 뒷전으로밖에 들리지 않았지만, 휴머니즘에 관한 긴 설명은 인상적이었습니다. 그는 철학 박사답게 주체사상이 왜 인간 중심의 세계관인지를 일목요연하게 잘 정리하여 설명해 주는 것 같았습니다. 하지만 저는 휴머니즘을 초월한 더 진정한 메시지를 품고 사는 그리스도인인지라 그분의 논리에 동의하지 않고 잠자코 듣기만 했습니다.

황 선생은 긴 설명을 마치는 듯하더니 곧 공산주의와 주체사상의 두 번째 차이에 관해 설명하기 시작했습니다.

"공산주의는 혁명이어서 폭력과 파괴가 중심 에너지인 데 비해 주체사상의 중심은 사랑과 협력입니다."

그가 이런저런 성경 구절을 술술 외며 이야기를 그럴듯하게 잘 엮어 가는 것을 보면서 역시 북한 최고 사상가답다는 생각을 했습니다. 마치 철학 강의를 듣는 것만 같아서 싫지는 않았어요. 성경 구절에 그럴듯한 설명과 해석을 덧붙였고, 특별히 사랑에 관해서는 고린도전서 13장을 인용해 가면서 사랑의 영원성을 열심히 설명해 주기까지 했습니다. 공산주의자인 그가 성경을 열심히 읽었다는 사실이나 그의 입에서 좋은 말을 듣는 것이 신기할 뿐이었습니다.

그는 고무되었는지 세 번째 차이까지 설명했습니다.

"공산주의와 주체사상이 비슷한 것 같지만, 사실은 다릅니다. 주체사상은 정신적으로 깊은 가치가 있고 인간 중심적이지요. 그런데 한 가지 공통점은 이 땅에 지상천국을 구현하는 것이 목표라는 것입니다."

공산주의자로서 그렇게 말하는 것이 당연하다는 생각이 들었습니다. 더러 북한을 대표한다는 사람들과 이야기를 하면 떼를 쓰듯 말하는 경우가 허다한데, 그는 나름대로 논리를 갖고 조용조용히 말하더군요.

그러나 저는 북한 식량 문제 해결을 위한 길을 여는 것이 절실했기에 그의 긴 설명이 끝나기만을 기다렸습니다. 하지만 그는 제가 끼어들 틈을 주지 않고 대화를 주도해 갔습니다.

"홍 목사 선생, 진실한 종교인 중에 내세를 믿는 사람이 있습니까?"

드디어 말할 기회가 왔습니다. 오랜만에 답변으로나마 발언할 기회가 오자 저도 모르게 이런 말이 터져 나왔습니다.

"저는 진실하게 살기 위해 노력하는 사람입니다. 그러나 진실함이 온전하지 못해 늘 저 자신을 살피지 않으면 안 됩니다. 그러니 말씀하신 진실한 종교인 속에 제가 해당할 수 있을지는 모르겠습니다. 그래도 저는 내세를 믿습니다. 아니, 지금 이 자리에서 목숨을 잃는다고 할지라도 다음 순간 우리 주님의 품에서 눈을 뜰 것을 믿으며 오늘을 살고 있습니다."

황장엽 선생은 이제까지 제가 잘 듣고 있어서 설득되었는 줄 알았는지 제가 그렇게 말하니 좀 놀란 눈빛이었습니다. 대개 북한 사람들은 정해진 범위 내에서는 논리적으로 잘 말하는데, 불시에 새로운 질문을 받으면 놀라는 경우가 많은 것을 그동안 북한 대표들과 만날 때마다 경험했기에, 이번에는 제가 질문을 던졌습니다.

"선생님, 선생님은 주체사상이 휴머니즘이고, 그 모든 에너지원은 사랑과 협력이라고 하셨는데 과연 북한에 그것이 있습니까?"

그는 굉장히 놀랐습니다. 그도 그럴 것이 북한에서 그의 말은 굉장히 교조적 성격을 띱니다. 주체사상의 창시자이기에 반론 제기를 받아 본 일이 없음을 직감할 수 있었습니다. 그런데 뜻밖에 반대 의견이 담긴 질문을 받으니 당황했는지 잠시 아무 말을 못 했습니다. 그러다가 조용히 이렇게 말했습니다.

"예, 그렇게 되기를 애쓰고 있습니다."

저도 모르게 목소리가 커졌습니다.

"선생님, 그건 이 땅에서 안 되는 겁니다. 사랑을 말씀하셨는데, 사랑은 희생입니다. 그런데 어떻게 이기적인 인생이 나를 버리고, 다른 사람을 사랑할 수 있겠습니까? 그런 사랑이 어디 있습니까? 공산주의는 세상의 모든 사람이 평등하며 한 동포라면서 사해동포주의(四海同胞主義)를 표방하지 않습니까? 그런데 공산주의 나라가 다른 나라에 가서 어려운 이들을 돕기 위해 땀 흘리는 것을 여태껏 본 적이 없습니다."

제가 계속해서 밀어붙였습니다.

"죄 많은 인생이라도 사랑하는 것이 있지만, 자신의 손해를 감수하는 대가를 치르면서까지 진실을 지킬 힘이 우리에게는 없습니다. 단, 영원에 대한 가치를 획득한 자만이 진정한 사랑을 할 수 있으며 사람을 사람으로 대할 수 있습니다.

선생님, 이 심양에서 기차를 타고 감악소(심양 인근 기차역)까지 가기 위해서 앉은 사람과 북경까지 34시간을 달리기 위해 앉은 사람은 앉는 자세부터 다릅니다. 그러니 선생님, 순간을 하나님의 영원의 한 시점으로 생각하는 사람과 찰나에 사라질 시간쯤으로 생각하는 사람 중에 누가 더 순간을 소중히 여기겠습니까? 그래서 임마누엘 칸트(Immanuel Kant)가 하나님을 설명하면서 '나는 불가지론자다. 하나님이 계시는지 안 계시는지 나는 모른다. 그러나 하나님이 계셔야 진실도 도덕도 윤리도 선다. 그것은 확실하다'라고 했습니다. 불가 지론자의 입에서 나온 이야기입니다.

그리고 역사적으로 볼 때도, 특별히 기독교 역사 흐름을 보면, 내세에 대한 확신이 있어야만 사람의 도덕적 가치가 분명해지고 영적 부흥이 일어나는 것을 알 수 있습니다. 그리고 내세의 영광을 추구할 때, 이 세상을 넘어선 인생을 살게 됩니다. 일제 강점기에 끝까지 순교한 이들은 내세에 관한 확신이 있던 사람들이었습니다. 그러므로 하나님이 계시기에 이 순간은 영원으로 연결되는 한 시점이며 그렇기에 인간은 진실하게 살 수 있고, 억울해도 견딜 수 있으며, 다른 사람을 진정으로 소중하게 여길 수 있습니다. 인간의 교류는 거기서 시작됩니다."

실제로는 이보다 훨씬 더 길게 얘기했지만, 짧게 요약하자면 이 정도의 이야기를 했습니다. 제 이야기를 끝까지 다 들은 황장엽 선생은 "아, 그렇게도 생각할 수 있겠구먼요"라고 답했습니다.

이번엔 제가 놀랐습니다. 보통 북한 사람들과 이야기해 보면, 자기들이 배워 왔던 교조적 논리를 넘어서면 당황하고, 또 대화에서 논리적으로 밀리기 시작하면 화를 내곤 했습니다. 그런데 자기와 다른 생각을 말하는 사람에게 그런 반응을 보인 사람은 황 선생이 처음이었습니다. 그런 그를 보고 '북에도 사람이 있구나'라는 생각이 처음 들었습니다.

그래서 이후에 황장엽 선생과 교류를 지속하기 위해 남북나눔운

동뿐 아니라, 우리나라와 뉴욕의 한 교회가 식량을 보낼 때도 그를
통해서 지원했습니다.

전하지 못한 것과
듣지 못한 말

1997년 2월 초에 황장엽 선생이 조총련(재일본 조선인 총연합회) 초청으
로 일본에 가서 큰 환대를 받았지만, 정작 아무것도 얻지 못하고 귀
국하게 되었다는 언론 기사를 보았습니다. 그리고 11일에 북경에 도
착한다는 이야기를 듣고, 거기서 황 선생을 만나려고 정부의 허가를
받았습니다. 제가 알기에는 외국에 갔다가 들어가는 북한 사람이라
면 반드시 일정 소득을 가지고 귀국해야 합니다. 그런데 우리 신문
에도 아무 소득 없이 돌아간다는 기사가 났기에, 북에도 괜찮은 사
람이 있다고 여기게 했던 그분이 작은 것이라도 챙겨 귀국하게 하려
고 급한 대로 현찰 5만 불을 모아 중국으로 간 것입니다.

　우리 남북나눔운동 모임은 처음부터 몇 가지 원칙을 가지고 임했
습니다. 첫째, 국가에서 정한 방침은 항상 준수한다. 만약 너무 긴급
하게 도움이 필요하면 통일부의 묵인하에 일한다. 둘째, 어떤 상황
에도 현찰을 직접 주지 않는다. 그리고 집행한 내용은 통일부에 그

대로 보고한다. 그래서 그때도 현찰을 주려고 한 것이 아니라 중국에서 옥수수를 사면 상대적으로 저렴하기에 현지에서 구매하여 그를 통해 전달하고자 했던 것입니다.

심양에서 황 선생을 만난 뒤, 북에 갈 때마다 황 선생의 측근인 여광무역총연합회사의 김덕홍 총사장과 늘 인사를 나누고 필요에 대한 의견을 나누곤 했습니다. 그날 저녁에도 김 사장을 통해서 황 선생을 만날 줄 알았습니다. 그런데 김 사장이 말하기를, 황 비서가 비행기를 타고 오느라 너무 힘들어서 일로호텔(북한 사람들이 북경에 오면 자주 머물던)에서 쉬고 있으니 자기와 식사를 하자고 해서 같이 저녁을 먹으러 갔습니다.

식후에 김 사장의 차로 이동하는데, 앞자리 조수석에 그와 함께 출장 온 행정 책임자가 탔습니다. 문득 뒷자리에 같이 탄 김 사장이 제 귀에 대고, "홍 목사 선생, 우리 형님은 진실한 사람입니다"라고 말했습니다. 뜬금없이 황 선생을 '형님'으로 부르기에 의아해했더니, 그가 "그분이 김일성대학 총장으로 계실 때부터 제가 전체 행정을 맡았습니다. 그때 만난 이래로 그분의 인격에 감동하여 지금까지 형님으로 모시고 있습니다"라고 덧붙였습니다. 김덕홍 사장이 황장엽 선생과 호형호제한다는 것을 그때 비로소 알게 되었습니다.

그는 앞에 앉은 사람들이 듣지 못하도록 가만히 속삭이듯 말을 이었습니다.

"나는 우리 형님이 하자는 대로 하는 사람입니다. 그분이 가자고 하면 가고, 죽자고 하면 같이 죽습니다."

그때만 해도 그가 황 선생을 귀한 어른으로 높여 말한 것으로 생각했지요. 그러고 나서 제가 김 사장에게 황 선생과 저녁 식사를 함께하지 못했으니 그냥 잠시 뵙기만 하면 좋겠다고 제안했고, 황 선생이 대사관에서 곧 온다고 하니 일로호텔 스위트룸에서 그를 기다리기로 했습니다.

그런데 갑자기 자리를 옮겨야겠다고 해서 여광무역 사무실로 향했습니다. 사무실에 들어가니 그곳에도 예외 없이 김일성 부자의 사진이 걸려 있었습니다. 자리에 앉은 지 얼마 되지 않아 황장엽 선생이 들어왔습니다.

"선생님, 참 오랜만에 뵙는데 강녕하셨는지요?"라고 인사하자, 너무 피곤해서 저녁 식사도 같이 못 해 미안하다면서 자리에 앉자마자 이렇게 말했습니다.

"홍 목사 선생, 왜 하라는 학생 운동을 안 하고 있는 거요? 지금 남조선과 세계 곳곳에서 학생 운동을 힘차게 밀고 나가야 하는데, 대체 뭘 하고 있는가 이 말이요"라고 큰 소리로 말했습니다.

대개 북한 사람들이 궁지에 몰리면 엉뚱한 소리를 하며 큰소리치는 것을 보았기에 그 말투 자체는 그러려니 했습니다. 그래도 이분만은 다르다고 생각했는데, 역시 여느 북한 사람들과 하나도 다를 바 없음을 확인하고는 속았다는 생각이 들었습니다. 순간 제 얼굴이 굳어지니 황 선생이 알아채고는 마음을 풀어 주려고 했지만, 저는 그의 말이 끝나자마자 가겠다고 일어섰습니다. 대화가 더 이어질 줄 알았던 황 선생은 제법 당황한 듯했습니다. 나오려는데 같이 갔던 김영주 목사가 기념사진이라도 찍자고 했지만, 몹시 화가 났던 터라 거절했습니다. 만약에 그때 사진을 찍었더라면, 황장엽 선생의 망명 하루 전날 찍은 사진으로 기록되었을 겁니다.

저는 기분이 상한 채로 서둘러 일어났고, 황 선생이 엘리베이터까지 배웅해 주었는데 제 귀에 대고 이렇게 속삭였습니다.

"홍 목사 선생, 이것은 다 선생을 생각해서 그런 겁니다."

순간 좀 놀랐습니다. 그렇지만 공산주의자들은 거짓을 진실처럼 말하며 우기는 사람들이기에 귓등으로 듣고 넘겼습니다. 엘리베이터를 타면서, "선생님, 다음 뵐 때까지 강건하십시오"라고 인사했더니 그가 "쇠락해 가는 늙은이, 어찌 내일을 기약하겠소?"라며 아주 처량하게 말했습니다. 그래도 이미 제 마음은 닫혀 버렸던지라 별말 않고 곧장 차를 타고 21세기 호텔로 이동했습니다.

밤늦게 김덕홍 사장에게서 연락이 왔습니다.

"오늘 도청기가 가득 찬 그 방으로 홍 선생을 모시고 왔다고 형님께 꾸중을 많이 들었습니다. 혹시 내일 조찬이 어떻겠습니까?"

예전 같았으면 당장 가겠다고 했겠지만, 다음 날 아침 첫 비행기를 타야 해서 어렵겠다고 사양했습니다. 그러자 김덕홍 사장이 "그쪽으로 식사하러 가면 어떻겠습니까?" 하고 물어서 "아이고, 오신다면야 좋지요"라고 대답했습니다.

사실, 그때 심양의 박 아무개 여인이 옥수숫가루를 사서 보내는 일을 대행해 주겠다고 했는데, 돈부터 요구하는 걸 보니 도무지 신뢰가 가질 않았어요. 그래서 거래가 무산되어 현찰 5만 불을 그대로 가지고 있었습니다. 그동안의 원칙을 깨서라도 이 돈을 황장엽 선생에게 조찬 후에 전달해야겠다고 생각했습니다.

한참 기다리고 있는데, 김덕홍 사장의 일을 총괄하며 황장엽 선생이 북경에 오면 늘 수행하던 사람이 차를 몰고 와 저희에게 "지금 황 비서께서 김정일 장군님의 생신 선물을 고르기 위해 장성호텔 아케이드로 가셨습니다. 조금만 기다려 주십시오"라고 전했습니다. 그런데 그로부터 30분을 더 기다려도 오질 않았어요. 비행기 시간이 가까워져 할 수 없이 가야 한다며 일어섰습니다. 그러자 "홍 목사 선생을 잘 모시라고 황 비서께서 거듭 말씀하셨습니다"라며 공항까지 차를 태워 주겠다고 해서 그 차를 타고 공항으로 가서 곧장 귀국했습니다.

서울 집에 도착했는데, 친구에게서 전화가 왔습니다. 아마 오후 3시 정도였던 것 같습니다.

"홍 목사, 홍 목사! 네가 말하던 황장엽 씨가 망명했어!"

"무슨 소리야? 내가 어젯밤에 직접 만났는데…. 아침에도 만나기로 했다가 시간이 안 되어서 그냥 왔어."

"얼른 TV를 켜 봐."

TV를 켰더니 황장엽 선생의 망명을 보도하느라 모든 방송사가

야단이었습니다.

만약 외부에 내가 전날 밤에 황장엽 선생을 만났다는 게 알려지면, 집안 전체가 어려워질 것 같아서 아무 말 하지 않고 조용히 지냈습니다. 그리고 나서 몇 달이 흘러 외국에서 북한 인사와의 모임에 참석했는데, 한 북측 참석자가 그러더군요.

"어이 홍 목사, 그 배신자 황 씨 잘 있어?"

"나도 못 봤다"고 대답했습니다.

사실, 주변에서 황 선생과의 만남을 수차례 마련해 주었지만, 그때마다 거절했습니다. 북측에서는 황장엽 선생의 망명과 제가 관련됐다고 의심하고 있는 것 같았어요. 그런 상황이다 보니 남북나눔 운동 사역에 불필요한 오해가 발생할 것 같다는 염려가 있었습니다. 만나고도 비밀에 부칠 수는 있었겠지만, 언젠가는 북측에서 물어올 텐데 그때 목사로서 거짓말할 상황을 만들지 않으려고 만나지 않았던 겁니다.

그런데 어느 날 한 미국인이 이렇게 조언했습니다.

"홍 목사님, 당시 황장엽 선생과 있었던 일을 그대로 얘기해 버리는 게 낫겠습니다. 모든 사람에게 그것이 알려지면 정보가 안 되지만, 아무것도 아닌 것을 당신 혼자 가지고 있으면 위험합니다."

사실, 당시 제 큰아들이 북경대학을 다니고 있었는데, 한국 정보기관에서 아들이 북경에 있으면 안 되겠다고 해서 어쩔 수 없이 미국으로 보내 공부를 이어 가게 했거든요. 그래서 그 미국인의 권면을 받아들이기로 하고, 부랴부랴 생면부지인 〈월간조선〉의 김용삼 기자와 만나 심양에서 황 선생을 만난 것부터 마지막 일화까지 다 이야기했습니다. 공개하기 전까지 황장엽 선생의 망명에 제가 개입했다고 의심했던 북한도 제 혐의를 거두었는지 회담을 재개하자고 했습니다.

언젠가 김용삼 기자가 황장엽 선생에게 이런 질문을 했습니다.

"당신 때문에 죽을 고비에 놓였던 사람들도 있는데, 그들에게 하실 말씀이 없습니까?"

그 물음에 얼굴을 붉히며 아무 말도 못 했다는 기사를 보고, 그에게도 마음의 부담이 있었다는 것을 알 수 있었습니다.

진짜 진실한 사람을
알아보다

나중에 알고 보니 저는 정말 아무것도 모른 채 그 자리에 있었던 것입니다. 당시 우리 정보 요원들이 이미 그 주변에 깔려 있었다고 합니다. 그러나 제게 말해 준 사람이 아무도 없었기에 그 자리에 바보같이 가만히 앉아 있었던 겁니다. 나중에 제가 호텔로 이동하던 모습을 멀리서 다 보고 있었다는 이야기를 들었습니다. 그래서 한번은 정보부 고위 관계자에게 "당신들 해도 해도 너무했어요. 참 잔인한 사람들이오"라고 항의하기도 했습니다.

기자와 인터뷰를 한 다음에 황장엽 선생과의 면담을 요청했더니 그를 외부에 내보내지 않을 시기였는데도 조용히 만나게 해 주었고, 이후로는 드문드문 만날 수 있게 되었습니다.

한번은 긴 시간 함께 이야기를 나누었는데, 황 선생이 제게 이런 말을 해 주었습니다.

"여기 와서 보니 진짜 진실한 사람들은 다 그리스도인이더군요. 다른 사람들과 다릅니다. 특별히 주선애 교수, 장치혁 고합그룹 회장, 이영덕 총리는 꼭 형제처럼 같이 있어 주어 고맙습니다."

언젠가 주선애 교수가 한 인터뷰에서 "황장엽 선생이 기독교 신앙을 받아들인 것 같다"는 말을 했습니다. 그 기사를 읽은 후 그와 관련된 글을 읽고 수집했는데, 내세와 관련된 언급은 한 번도 하지 않은 것 같았습니다.

내세가 없다고 말한 대표적인 사람이 레닌입니다. 그가 혁명을 일으키면서 "지금이 아니면 영원히 아니다"라는 말을 자주 썼다고 합니다. 그렇게 순간을 사는 사람이 공산주의자입니다. 그래서 그들에게는 미래가 없습니다.

그렇지만 황장엽 선생은 그가 살았던 모든 순간을 영원을 향해 걸어가는 데 바쳤습니다. 그리고 저도 이제 우리 주님을 만날 그때가 점점 다가오니 한 걸음 한 걸음 영원으로 걸어가고 있습니다. 하나

님의 영원한 경륜 안에서 우리가 다시 만날 날이 있을 것으로 기대
해 봅니다.

"

죄 많은 인생이라도 사랑하는 것이 있지만,

자신의 손해를 감수하는 대가를 치르면서까지

진실을 지킬 힘이 우리에게는 없습니다.

단, 영원에 대한 가치를 획득한 자만이

진정한 사랑을 할 수 있으며

사람을 사람으로 대할 수 있습니다.

2부

특별한
은총을 받은
한국 교회

6. 처음부터 온통 은혜였다

유례없는
독특한 시작

최종상　목사님, 이제 주제를 좀 바꿔서 한국 교회와 또 한국 교회가 나아갈 길에 대해서 말씀을 듣고 싶습니다. 세계 기독교 선교 역사에서 우리나라는 좀 특별한 나라가 아니겠습니까? 하나님이 우리나라, 특히 한국 교회에 베푸신 은혜를 어떻게 해석하시는지요?

홍정길　이것은 은혜라는 말로밖에는 설명하지 못해요. 은혜는 받을 자격 없는 사람에게 아무런 조건이나 대가 없이 일방적으로 베푸는 사랑의 선물이죠.

우리나라에 복음이 들어오기 전에 다른 나라 선교 역사에는 없던 네 가지가 우리에게 있었습니다. 첫째, 선교사들이 들어오기 전에 이미 우리는 우리말로 번역된 성경을 가지고 있었습니다. 존 로스 (John Ross)라는 스코틀랜드 선교사가 만주에서 최초로 성경을 한글로 번역했고, 미국 선교사들이 한글로 된 성경을 가지고 들어왔었어요.

둘째, 선교사가 와서 복음을 전하기도 전에 외국에 나가 있던 조선인들이 그곳에서 예수를 믿고 돌아와 능동적으로 전도했습니다.

셋째, 선교사들이 들어오기 전에 이미 황해도 소래 지방에 예배당이 세워져 있었어요. 밖에서 신앙을 가진 분들이 돌아와 가족과 이웃을 전도해서 예배 공동체와 작은 예배 장소를 세웠던 것입니다. 아마 이런 경우가 세계 선교 역사에 없을 거예요. 참 희한하고 감사한 일입니다.

넷째, 성령의 놀라운 역사가 1907년에 평양 대부흥 운동으로 일어난 것입니다. 복음이 단순히 말씀에 머물지 않고, 하나님이 우리 속에 영으로 역사하시는 권위와 능력의 주이심을 실제로 보여 주었단 말이에요. 잊을 수 없는 귀한 축복이라고 생각해요.

예를 들면, 로제타석*에 관한 책이 얼마나 많습니까? 그런데 대영박물관에서 그 로제타 돌덩이를 실제로 보니까 책에서 읽고 설명을

---

* 로제타석(Rosetta Stone): 이집트 고대 왕조 때 사용하던 이집트 상형 문자와 그것을 간소화한 이집트 민중문자 그리고 그리스 문자로 동일한 내용이 적힌 높이 1.14m, 폭 72cm, 두께 27cm의 돌이다. 기원전 196년에 만들어지고, 1799년 7월 15일 지중해 연안의 이집트 라쉬드(로제타)에서 발견되었다. 대영박물관 소장품 중 가장 가치 있는 것으로 꼽히는 이 돌의 가치는 거기에 적힌 내용보다 수천 년간 해독할 수 없었던 이집트 상형 문자를 그리스어를 토대로 해독할 수 있는 단초를 제공한 것이다. 로제타석의 고대 문자들은 장 프랑수아 샹폴리옹(Jean-François Champollion)의 놀라운 직관력과 1822년부터 3년에 걸친 끈질긴 노력 끝에 해독되었다. 이로써 파피루스, 돌, 건물에 쓰인 상형 문자와 민중 문자를 읽을 수 있게 되어 이집트 고대 왕조의 역사와 삶을 이해하는 데 결정적 역할을 했다.

들었던 것보다 백배 더 낫더군요. 실제라는 게 그렇게 중요해요. 그래서 실제를 향한 접근 노력을 계속해야 합니다.

성령께서 그 어려웠던 시절에 우리에게 부흥을 주셔서 교회가 비약적으로 성장하고 발전했어요. 그럼, 예수 믿고 성령 충만했으니 잘돼야 할 것 같은데, 오히려 1910년에 나라를 빼앗기잖아요. 그러나 일제가 수탈하는 그 긴 세월 동안 복음이 한국 성도들의 마음속에서 역사해서 그 혹독한 고난을 이기게 해 주었어요.

한국 교회가 받은 축복은 또 있어요. 바로 복음주의 신학이 우리나라에 들어온 것이에요. 한국에 교회가 시작될 때, 서구에는 여러 신학 사조가 있었는데 성경을 하나의 문헌으로 간주하고 비평하는 문서설(documentary hypothesis)로부터 시작해 자유주의 신학이 세계적 사조로 유행했습니다. 그래서 문화적으로 믿는 예수가 전파된 나라들이 많습니다. 그런 나라에서는 선교사들이 떠나면 현지인들이 교회를 떠나서 결국 문을 닫는 경우가 많았습니다.

그런데 한국 교회는 스스로 복음을 전하고, 스스로 성경을 읽고 기도하니 핍박과 고난을 이길 힘이 생겼고, 그 덕분에 교회가 계속 발전해 갔으며 세계 선교까지 감당하게 되는 축복을 받았죠.

이 과정에서 연단을 통해 한국 교회의 알곡과 가라지가 구별되었습니다. 1937년부터 엄청난 박해가 시작되자 그때 교회를 떠날 사람들은 다 떠났어요. 소설가 이광수 같은 분도 그때 떠났어요. '예수 생명'이라는 참신앙을 갖지 않은 사람들이 교회를 많이 떠났습니다.

그리고 해방이 됐단 말이에요. 일본을 끝까지 반대하고 감옥 간 사람의 90% 이상이 복음주의 성도들이었어요.

그러나 해방이 되고 그리스도인이 대통령이 되어 기고만장할 때, 6.25 전쟁이 터져 수많은 그리스도인이 엄청난 핍박을 받거나 죽임을 당했습니다. 그런 핍박을 통해 교회에 알곡만 남았기에 복음주의 교회로 굳건히 설 수 있었던 거 같아요. 특별한 역사라고 생각합니다.

최종상　하나님이 우리나라, 우리 민족에게 베푸신 그것을 한마디로 은혜라고 말씀하셨는데, 그 은혜 속에 엄청난 고난의 길을 걸었던 긴 세월이 포함되어 있었네요.

홍정길　그렇죠. 복음을 받은 다음에 오는 고난을 믿음으로 잘 이겨 냈어요. 또 북에서 예수님을 잘 믿던 사람들이 남으로 많이 내려와서 남한 교회의 지도자들이 되기도 했습니다.

교회의
기여를 말하다

최종상　한국 교회의 저력, 즉 교회가 나라 발전에 공헌한 것들을 한번 짚어 주시면 감사하겠습니다.

홍정길　한국 발전 역사에 교회가 특별히 공헌한 것이 몇 가지 있어요. 초기에 사립학교가 우리나라 전체 학교의 약 70%였는데, 대부분의 사립학교를 선교사와 그리스도인들이 세웠어요. 만약에 그렇게 세워진 학교들이 없었다면 한국이 이렇게 학력이 높은 나라로 빨리 진입할 수가 없었을 것입니다. 의료 사업도 그렇습니다. 선교사와 교회가 중심이 되어 서양 의학을 들여와서 병원을 세웠고, 위생 계몽을 하면서 우리에게 도움을 주었어요.

지금 한국이 음악으로 세계를 흔들고 있잖아요. 그런데 그들의 거의 90%는 교회에서 자란 사람들이에요. 어릴 때부터 교회에서 찬양하고, 노래하다 보면 목소리가 터져서 그런 것으로 생각되는데, 지금 세계적으로 유명한 한국 성악가들도 대부분 그리스도인입니다. 무대라는 것은 뒤끝이 허망하거든요. 연기를 끝내고 돌아올 때, 굉장히 우울하다고 해요. 이럴 때 신앙이 없는 사람은 잘못 엇나가기도 하는데 신앙을 가진 좋은 성악가들이 대부분 롱런(long-run)을 하더라고요. 인기 있는 유행가 가수들 중에도 그리스도인이 아주 많습니다.

더 나아가 한국 교회가 애국정신을 가지고 나라와 민족을 위해 새벽마다 열심히 기도하는 것, 그리스도인들이 각자의 직장과 직업에서 기독 신앙을 바탕으로 정직과 성실로 일에 매진하는 것도 궁극적

125

으로 우리나라 발전에 큰 기여를 했다고 생각합니다.

최종상　한국선교연구원의 발표에 따르면, 2020년 12월 현재 22,259명의 한국 선교사가 168개국에서 사역하고 있습니다. 우리 선교사들이 선교지에서 그 나라의 발전은 물론 우리나라의 국위 선양과 발전에 상당히 기여한다고 생각합니다.

홍정길　물론입니다. 한국 선교사들은 거의 모든 나라에서 환영을 받습니다. 대체로 열심히 일하는 것이 몸에 배어서 선교지에서도 여러 가지 사역을 성실히 합니다. 특히 개발 도상 국가에서는 유치원부터 대학까지 세워 교육 발전에 공헌하고, 보육원, 병원, 방송국을 운영하기도 합니다. 우물을 파고 집을 지어 주는가 하면 기아와 기근을 퇴치하는 농업 활동으로 선교지 사람들을 섬깁니다. 많은 선교사가 오지 부족들에게 들어가 글자를 만들어 주어 가며 문맹 퇴치 사역을 하고 있습니다. 선교지 나라들은 한국 선교사들의 다양한 봉사와 섬김의 활동을 감사해하며 이들을 보내고 재정적으로 지원하는 우리나라에도 감사한 마음을 갖습니다. 이게 모두 국위 선양입니다.

　최종상 선교사가 50여 나라에서 온 350명의 선교사들이 모인 둘로스호의 단장으로서 태극기가 선명하게 박힌 명찰을 달고 55개국 92개 항구를 다니며 대통령, 수상, 장관, 교계 지도자들을 만났던 것은 둘로스호 일이기도 하지만, 한국의 국위도 선양한 거예요.

제가 일본 외교관한테 들은 얘기가 있습니다. 자기가 어느 오지의 나라에 발령을 받아 다른 직원도 없이 부부만 부임했었대요. 부인은 너무 외로워했고, 자기는 어디서부터 일을 시작해야 할지 몰라 힘들었답니다. 그런데 한국 외교관을 보니까 선교사와 장사하는 분들이 모이는 교회에 나가니 우울증 문제가 없더래요. 선교사들이 현지 언어로 도와주는 것은 물론 장관 같은 정부 관리들과도 쉽게 만남을 주선해 주더라는 겁니다. 그래서 너무 부러웠다고 그러더군요.

삼성그룹의 유럽 책임자한테 이 얘기를 했더니, "목사님, 외교관만 선교사 덕을 보는 줄 아세요? 사업하는 사람들도 한국 선교사들의 도움을 많이 받습니다. 물건을 만들어 가지고 가서 선교사에게 부탁하면 현지 관리와 연결해 주기도 하고, 선교사들의 루트를 통하면 제품을 곳곳에 가져갈 수 있습니다. 일본보다 시장 확보를 더 잘할 수 있었던 데는 선교사들의 역할이 컸습니다."

선교사들한테 생활비와 사역비로 외화를 적잖이 보내지만, 선교사들 덕분에 보이지 않고 계산되지 않는 많은 유익이 우리나라로 유입되고 있어요. 우리가 원조받던 나라에서 원조를 주는 나라가 되었다는 증거의 하나가 바로 수많은 선교사의 해외 사역입니다.

7. 지금은 돌아보는 시간

한국 교회
감소 추세 진단

최종상　제가 42년 동안 여러 나라에서 사역하면서 밖에서 본 우리 한국 교회의 장점은 다른 민족들보다 헌신과 열심이 지극하다는 것입니다. 그건 하나님이 한국 교회에 주신 은혜라고 생각합니다. 예를 들면, 새벽기도, 전도, 예배당 건축 헌금 등을 할 때도 우리는 희생적으로 하지 않습니까? 집문서를 맡기고 대출을 받아 예배당을 짓는다는 건 다른 나라에서는 들어보기 힘들거든요. 우리나라 성도들과 목회자들은 이것이 하나님의 일이고, 하나님이 기뻐하시는 일이라 생각하면 아주 헌신적으로 올인 하는 경우가 많습니다.

홍정길　요즘은 많이 달라졌어요.

최종상　그렇다고 들었습니다. 사실, 한국 교회도 감소하기 시작한 지가 좀 오래됐습니다. 한때는 우리 인구의 25%가 개신교라고 했습니다만, 지난 2021년 5월 20일 한국갤럽이 발표한 〈한국인의 종교〉 6차 조사 결과에 따르면, 19세 이상 국민의 17%가 개신교라고 합니다. 불교 16%, 천주교 6%보다는 높지만, 한국 교회가 정체기를 지나 감소기에 접어든 것은 사실입니다.
　한국 교회의 문제는 너무 총체적이어서 한두 가지로 정리하기가 어렵겠지만, 목사님은 한국 교회의 감소 추세를 어떻게 진단하시는지요?

홍정길　한국 교회의 정체는 전도하지 않는 데서 온 거예요. 다시 전도하는 교회로 바뀌지 않는 한 감소 추세는 계속될 것입니다.

최종상　저는 짧은 일정으로 귀국했다가 코로나 상황 때문에 8개월째 국내에 머물고 있습니다. 그동안 들으니 한국에서는 더 이상 전도가 안 된다, 교회 개척이 어렵다고 하더군요. 그런데 전도가 되지 않는 게 문제가 아니라 전도를 하지 않는 것이 문제가 아닌가 생각합니다. 한국 교회의 이런 '패배 의식'을 극복하려면 어떻게 해야 하겠습니까?

홍정길   전도를 하는 게 급선무예요. 제가 아는 CCC 출신 감리 교회 목사님이 있는데, 이분은 지금도 어딜 가든 사영리를 가지고 다니면서 전도를 합니다. 사영리가 간단하잖아요. 하나님이 당신을 사랑하신다. 당신의 생애를 위해서 놀라운 계획을 가지고 계신다. 예수님이 당신을 위해 십자가에서 죽으시고 다시 살아나셨다. 이 말은 안 믿는 사람에게는 평생 처음 듣는 소리예요. 이 간단한 메시지가 사람의 마음을 움직여요. 그렇게 전도하니 일 년 열두 달, 주일마다 새 교인이 끊이지 않는다고 하더라고요.

하나님 없이는 인생의 답이 없습니다. 하나님 없이 살면, 제아무리 큰소리를 치며 살아도 나중에 외롭고 힘든 때를 맞습니다. 사람들의 마음 깊은 곳에는 애통함과 갈급함이 있기 때문에 복음을 전하다 보면 의외로 잘 받아들입니다. 전도해 본 사람의 이야기예요. 그러니 전도는 하면 된다는 것입니다. 혹 잘 안 받아들인다고 해도 복음의 씨앗을 뿌린 것이니 언젠가는 열매를 맺을 것을 믿어야 합니다.

최종상   정말 그렇습니다. 전도를 영적 추수라고만 생각해서 결신이나 교회로 인도하지 못하면 전도에 실패한 것으로 생각하는 경향이 많습니다. 사실, 추수는 씨를 뿌리는 것으로부터 시작되며 씨를 뿌리지 않고는 추수가 있을 수 없다는 것을 유념하면 좋겠습니다. 사실 그전에 땅을 파고 고르는 것도 이미 추수의 일환이지 않습니까?

또 전도가 중요하다는 것을 모르는 성도는 거의 없을 것입니다. 하지만 전도에 엄두를 못 내는 가장 큰 이유는 거절 받는 것에 대한 두려움 때문이라고 합니다. 그런데 거절 받는 거야 당연하지 않습니까? 전도 왕 바울이 계속 환영만 받았던가요? 영적 추수만 했던가요? 아니지 않습니까?

예수님이 제자들을 여러 마을로 전도하라고 보내시면서 "누구든지 너희를 영접하지도 아니하고 너희 말을 듣지도 아니하거든 그 집이나 성에서 나가 너희 발의 먼지를 떨어 버리라"(마 10:14)고 하셨어요. 예수님께 전도 훈련을 받고 나가도 마을 전체가 안 받아들일 수도 있다는 것을 보여 줍니다. 예수님은 그럴 줄 아시면서도 그들을 마을로 보내셨거든요. 그러니 우리도 거절당하는 것은 당연하다 생각하고 잘 견뎠으면 좋겠습니다. 전도의 개념을 보다 더 넓고 바르게 이해할 필요가 있다고 생각합니다.

제가 주제넘게 긴 말씀을 드렸습니다. 죄송합니다.

홍정길   아닙니다. 저도 이번 나누는 주제들에 대해 최종상 선교사의 의견과 영국 상황에 대해서도 듣고 싶습니다.

토털 인생
솔루션이 필요하다

최종상 황송하고 감사합니다. 제가 이번에 귀국하여 듣고 또 놀
란 것 중 하나가 어느 주요 교단 교회의 65%가 주일학교가 없다는
것이었습니다. 다른 교단들도 비슷할 것 같아 걱정됩니다.

홍정길 주일학교에 모였다 해도 5-10분도 말씀을 듣지 않아요.
말씀 듣고 예배 드리는 시간이 너무 짧다는 말씀입니다. 그러면 무
슨 의미가 있어요? 교회에 모이는 거 자체는 소중하지만, 부모가 자
녀에게 신앙적으로 선한 영향을 주는 것보다 더 좋은 것이 없어요.
부모가 한세상 살면서 좋은 가문을 이루어 돈과 명예를 함께 물려주
는 것도 좋겠지만, 그리스도인에게는 신앙을 삶의 유산으로 물려주
는 가정을 만드는 것이 가장 큰 축복입니다. 그것만이 한국 교회가
다시 새롭게 되는 길이 아닌가 싶어요.

제가 1966년부터 대학생들을 섬기는 일로 사역을 시작했으니까
50년이 넘었습니다. 제 사역을 뒤돌아보면서 느끼는 것은 사람은
잘 안 바뀐다는 것입니다. 예수님을 믿어도 잘 안 바뀌어요. 그런데
바뀌는 사람이 있거든요. 제일 처음 성경 공부를 가르친 故 하용조
(전 온누리교회 담임 목사)가 바뀌었고, 김지철(전 소망교회 담임 목사)이 바뀌었
고, 또 정민영(전 국제위클리프 부총재)이 바뀌었죠. 성경 공부를 통해 젊

었을 때 이들의 삶의 목표와 가치관이 달라진 겁니다. 그러니 되도록 어리고 젊을 때부터 바르게 가르치는 것이 중요하다고 생각해요.

최종상　신앙 교육에서 가정의 역할의 중요성을 말씀하셨는데, 그럼 언제부터 가르치면 좋겠습니까?

홍정길　제가 얻은 결론은 어린아이를 가르치기에 앞서 결혼 적령기의 사람들을 결혼 전부터 가르쳐야 한다는 것입니다. 그래서 신앙의 내용과 중요성을 알게 된 부부가 아이가 태어날 때부터 아기를 가르치면 되겠다는 것이죠. 아이가 태어나서 제일 처음 사람의 음성을 이해하고 뜻을 알 때, 엄마 아빠의 기도 속에서 인지 능력이 발달하고 엄마 아빠의 찬송 속에 감성이 깨어나면 좋겠습니다. 그래서 12단계의 생활훈련학교 프로그램을 만들어 봤어요.

하나님이 인간을 창조하실 때 어린아이가 아닌 결혼 적령기의 아담과 하와로 만드셨습니다. 여기서부터 가정이 시작됩니다. 그래서 결혼이라는 하나님의 설계도를 먼저 배워야 한다는 생각에 '결혼예비학교'를 시작했지요. 결혼하겠다고 하면 결혼예비학교에서 결혼이 뭔가부터 먼저 가르쳐요. 결혼하면 '신혼커플학교'가 있습니다. 그런데 결혼 후 1년 동안은 아이를 안 낳았으면 좋겠어요. 둘이 먼저 사랑부터 해야 하는데 임신만 해도 제3자가 개입되는 셈이니까요. 그러니까 신혼부부 둘이 1년 동안 함께 깊이 기도하고, 서로 사랑하면서 시간을 보낸 다음에 아이를 낳으면 좋겠다고 생각합니다.

그다음에 임신하면 '부부태교학교'로 가죠. 아이가 태어날 때 어떤 부모가 되고, 부모로서 자녀를 어떻게 가르쳐야 하는가에 관심을 갖도록 가르칩니다. 제가 우리 큰아들을 처음 품에 안았던 순간이 인생에서 제일 부끄러움을 느꼈던 때의 하나예요. 인생이 뭔지도 모르고 준비도 안 됐는데, 내 아이가 내 품에 안겼던 거예요.

그다음은 '애착부모학교'입니다. 아이가 두 살이 될 때까지 내면에 안정감이나 인생의 소중한 것들이 뿌리를 내리게 되는데, 이때 인지능력이 발달하지 않습니까? 태어나서 첫 번째로 인간관계를 맺게 되는 부모와 좋은 관계를 맺는 것이 평생 축복이 되거든요.

다음은 '아동기부모학교'를 거쳐 '사춘기부모학교'입니다. 사춘기 때부터 아이들이 반항하기 시작해요. 사실은 반항하는 것이 아니라 부모에게 의존하기만 했던 아이가 "나도 인격이다, 내 생각은 이렇다"고 알리는 것이거든요. 그런데 보통 반항한다고 호통을 칩니다. 사실, 부모는 아이가 바른 결정을 할 수 있도록 도와줘야 할 사람이지 꾸중할 사람이 아니라는 것을 알아야 합니다.

이렇게 프로그램을 계속 만들었어요. 우리 교회에서 해 보니까 자신을 위해서 공부하라고 하면 안 하는 사람들도 '자식을 위해서 해야 한다'고 하면 아빠들까지도 관심을 갖더라고요. 여기에다 좋은 부모가 되는 법, 아이를 바로 양육하는 법 등을 내세워 광고하니 안 믿는 동네 사람들까지도 들으러 와요. 그러다가 예수 믿는 사람도 생기고요.

마지막은 '호스피스학교'입니다. 이 세상에 태어나 살아가는 것이 하나님의 영광이라면, 마지막 순간은 더 영광스러워야 해요. 하나님 앞에서 마지막 순간인 죽음마저도 어떻게 하면 하나님께 영광이요 사람들에게 축복이 될 수 있을까를 고민해서 만든 프로그램입니다. 이 프로그램을 한참 동안 잘해 왔는데, 코로나가 와서 2년째 쉬고 있습니다.

최종상 인생학교 12단계를 다 외우시는 것을 보니 얼마나 심혈을 기울이셨는지 알겠습니다. 지금 교회에서 쓰는 교재가 출판되었습니까? 다른 교회에서도 구입하거나 공유할 수 있습니까?

홍정길 네, 가능해요. 우리끼리 그냥 만들어서 쓰는데 몇 권은 인쇄된 게 있어요. 우리 교회에서 아동기와 청소년기로 묶어서 해 보았는데 반응이 좋았어요. 그래서 책으로 만들려고 하다가 여의치 못했어요. 그 대신 전국적으로 세미나를 두 번 했습니다. 한 번에 크게하면 사후 관리를 제대로 못 할 것 같아서 50명 이내로 했어요.

한국 교회를 다시 살리기 위해서는 기독 가정이 되살아나야 한다고 확신합니다. 가정이 온전하지 못하면 온갖 나쁜 풍조들에 빠지게될 가능성이 크지요. 결혼을 안 하고 동거하는 풍조가 만연해지거나프리섹스 시대가 올 수도 있고, 동성애로 나갈 수도 있어요. 가정의소중함을 잊으면 자라는 아이는 상처를 입게 되어 있어요. 그러니교회가 그것만이라도 잘하면, 앞으로 한국을 살리는 데 크게 기여할 수 있으리라고 생각합니다.

우리가
회복해야 할 것

최종상　개신교에 대해 부정적 이미지를 갖고 있는 국민들이 많습니다. 물론 오해하고 곡해하는 부분도 있을 것입니다. 그럼에도 불구하고, 어떻게 해야 이런 부정적인 이미지를 벗어날 수 있을까요?

홍정길　먼저, 교회가 세상의 칭찬만 따라가려고 해서는 안 될 것입니다. 교회는 건강하고 강성했을 때에도 세상으로부터 핍박받았고, 부정적인 대접을 받기는 마찬가지였습니다. 예수님은 "세상이 너희를 미워하면 너희보다 먼저 나를 미워한 줄을 알라"(요 15:18)고 하셨습니다. 세상이 당신을 미워했듯이 교회도 미워할 것이라는 말씀입니다.

　그럼에도 불구하고 우리는 세상의 빛과 소금으로서 칭송을 받도록 노력해야 합니다. 우리가 이중적이라고 멸시와 천대를 받는 이유는 말은 잘하는데 삶이 따라 주지 못하기 때문입니다. 불신자들이 "너희가 기껏 해 봐야 술 안 마시고, 담배 안 피우는 것 외에 무엇이 우리와 다르냐?"고 우리를 비난합니다. 이런 비난은 앞으로도 계속

될 겁니다.

그런데 예수 믿는 사람이 어떤 분야에서 탁월하면 오히려 찬사로 바뀌더라고요. 예를 들면, 축구선수 박주영이 스트라이커로 날리던 때에 볼을 넣으면 무릎 꿇고 기도했어요. 여러 선수가 그랬어요. 올림픽에서 레슬링 선수치고 이기고 나서 기도 안 하는 사람이 거의 없었어요. 요즘은 축구 경기에서 기도를 못 하게 해요.

그리스도인들이 세상과 구분되어서 좀 다른 모습을 보여 주면 좋겠다고 생각합니다. 마틴 로이드 존스(Martin Lloyd Jones) 목사님이 산상수훈에 관해 쓰신 글을 생생하게 기억합니다.

"예수 안 믿는 영혼이 '너희는 예수 그리스도의 구속의 피로 구원받아서 하나님의 자녀가 되었다 하지 않느냐? 그런데 왜 너희는 나하고 똑같으냐? 그래서 예수 믿는 사람을 미워한다'고 말한다."

최종상　목사님, 한국 교회는 안타깝게도 분열의 역사를 이어 왔습니다. 교단적으로도 그렇고, 개교회 안에서도 분쟁이 많이 일어납니다. 같은 하나님, 같은 구주를 믿고 같은 성령 안에서 가르침을 받는데, 연합이나 상호 존중을 잘 못하는 것으로 보이니 불신자들에게 기독교에 대한 비호감도가 높아지고 있는 것 같습니다. 이것은 어떻게 해결해야 할까요?

홍정길　교회의 본질은 사도행전 2장에 나타난 대로 성도들이 서로 사랑하고 연합하는 모습에 있습니다. 한국 교회 초기에는 그런 모습이 많았어요. 그런데 교회가 급팽창하면서 일종의 조직 혹은 시스템이 돼 버린 것 같아요. 교회가 조직이 되어 버리면 생명력을 잃습니다. 영어로 organism(유기체)과 organization(조직체)은 비슷한 것 같지만, 전혀 다릅니다. 주님은 몸(유기체) 된 교회의 구주이시며 우리는 "그 몸의 지체"라고 말씀하셨는데, 우리가 그 가르침대로 살지 못하는 거죠(엡 5:23-30).

그러므로 지금은 교회가 얼마나 크고, 얼마나 많이 활동하는가보다 우리가 서로 얼마나 사랑하는가를 고민하며 주님께 드렸던 첫사랑으로 돌아가야 할 때입니다. 그 사랑으로 형제를 사랑하고 연합해야 하고요. 로마의 역사가 타키투스(Publius Cornelius Tacitus)가 그리스도인들을 보고 "저들은 반드시 세상을 변화시킬 거다. 왜냐면 서로 사랑하기 때문이다"라고 했던 것 같이 오늘날 우리 이웃도 그리스도인들이 서로 사랑하는 모습을 보아야 기독 신앙에 관심을 갖게 될 것입니다.

소신껏
일하게 하라

최종상   맞습니다. 20세기의 지성 프란시스 쉐퍼(Francis Schaeffer)

박사도 "요즘같이 기독교에 적대적인 시대에는 성도들이 나누는 사랑이야말로 최후의 변증이요 최상의 변증"이라고 했습니다. 목사님, 한국 교회의 문제는 일차적으로 교회 지도자들의 책임이라고 보아야 하지 않을까요? 한국 목회자들에게 각성이나 실천을 촉구하신다면, 어떤 말씀을 해 주시겠습니까?

홍정길　저를 포함해서 목회자들이 하나님 말씀을 받을 때는 좋은 생각으로 받아요. 그런데 그 말씀을 행동으로 옮겨 순종하려면 대가를 치러야 하는데, 그걸 잘 못 해요. 그러니까 실제로 변화가 일어나지 않는 것이죠. 살아있는 본을 보이지 못하면 생명이 전달되지 않는 것 같아요. 우리는 배우고 확신한 일에 거하고 가르치는 대로 살아야 합니다. 하나님은 우리더러 이해하고 끝내라고 하지 않으시고, 그 속에 거하라고 하셨습니다. 삶이 뒤따르지 않으면 목회자의 말은 허구일 뿐입니다. 말씀에 순종하는 삶을 살기 위해 목회자와 온 교회가 애쓰고 힘쓰는 것이 필요합니다.

　그 한 예로, 돈에 대해 초연할 자신이 없으면 목사를 하지 않는 것이 좋습니다. 왜냐면 돈은 하나님도 질투할 만큼 사람들에게 큰 영향을 끼치기 때문입니다. 하나님과 재물을 동시에 섬길 수 없다고 하셨잖아요. 모든 사람이 돈에 예민하지만, 특히 목사가 그것을 이기지 못하면 성도들이 존경하지 않습니다. 성도들은 돈의 유혹을 이기는 목사를 신뢰하고 존경해요. 목회의 리더십이 대체로 거기에서 결판이 나요. 그러니 월급이나 다른 돈 문제로 아부하지 말아야 하고, 돈으로 목사를 컨트롤하지 못 하게 해야 합니다. 쉽지 않지만 조심해야 합니다.

최종상　이번에 돈 문제와 관계되어 어떤 이야기를 듣고 충격을 받았습니다. 어느 목사님이 5년 정도 담임 목회하는 동안에 교회 규모가 점점 줄어들고, 목회적으로 힘들어서 성도들이 목사님에게 나가 주시라고 했답니다. 그랬더니 전별금으로 4억을 요구했대요. 4억이면 그동안 받은 월급보다 더 많은 돈이랍니다. 교회가 부흥·발전한 것도 아니고, 너무 힘들어진 상태인데도요. 이건 아니다 싶어서 노회에 중재를 부탁했대요. 그런데 사태를 조용하게 수습하려면, 요구하는 전별금을 주는 것이 좋겠다며 그게 관행이라는 답변을 들었답니다. 할 수 없이 4억을 융자 받아 전별금을 주었답니다. 은퇴하는 원로 목사님들이 돈 문제에 걸려 있는 경우도 있는데, 관행이라는 이름 아래 부끄러운 일이 많다고 들었습니다.

홍정길　교회는 돈으로 목사들을 컨트롤하려고 하면 안 되고, 또 목회자들은 돈의 노예처럼 끌려다니지 말아야 해요. 필요하면 하늘 아버지한테 달라고 하지 왜 교회에 달라고 합니까?
　제가 남서울교회에서 목회할 때 각 목사, 교직원, 사찰 집사까지 가족 하나에 얼마, 학생 자녀당 교육비 얼마, 이렇게 산출하여 생활급으로 월급을 줬습니다. 최흥식 목사가 아이가 하나 더 많아 우리보다 더 큰 집을 썼어요. 그랬더니 교인들이 그렇게 좋아하더라고요.

제가 은퇴할 때 20년 9개월을 목회했는데, 월급의 20배를 퇴직금으로 받을 수 있었어요. 당회는 그것도 적다고 문제로 삼았지만, 저는 달리 논의하지 말라고 부탁하고 그것이 얼마가 되든지 전액을 밀알학교 건축 헌금으로 바로 보내 달라고 했어요. 그래서 저는 얼마를 퇴직금으로 받았는지 모릅니다. 그랬더니 장로님들이 아파트를 하나 마련해 주면서 "목사님, 이거 팔면 안 됩니다. 우리 교회의 요청입니다"라고 하더군요.

어렵게 살며 꿋꿋이 사역하다가 은퇴하면서 퇴직금도 거의 받지 못하시는 목회자들이 많습니다. 나중에 주님이 이런 분들을 더 위로하시고 상급을 주실 거예요. 제 경우는 하나님이 '네 상급은 이미 땅에서 다 받았어'라고 하실 것 같아요. 아파트도 받았잖아요.

남서울교회를 떠난 지 30년이 넘었고, 남서울은혜교회도 은퇴한 지 10년이 되어 가는데, 지금도 맛있는 것이 있으면 가져다주시고, 안부 연락을 주시는 분들이 있어요. 이렇게 은퇴 후에도 간간이 성도들과 좋은 교제를 나눕니다. 그게 퇴직금보다 더 큰 축복입니다.

최종상 저도 개인적으로 은퇴 후에도 성도들과 사랑의 교제를 나누는 것이 당연하다고 생각합니다. 오랜 기간 함께 주님을 섬기며 동고동락한 사이가 아닙니까.

홍정길　요즘은 큰 교회 목사들이 교회를 떠나면, 접근 금지 재판까지 해서 교회에 못 오게 하는 일도 있어요.

최종상　원로 목사와 후임 목사의 역할과 관계 설정 문제로 어려움을 겪는 교회들이 많다고 들었습니다. 사실, 지도자가 바뀌면 변화를 예상하는 건 당연한 일이거든요. 그런데 후임 목회자들이 변화보다 먼저 추구할 것은 연속성이라고 생각합니다. 전임 목사가 했던 일 중에 좋은 사역과 전통은 계속해 가면서 자신이 추구하는 변화를 서서히 진행해 나가면 좋겠거든요. 또 후임 목회자는 자신이 이 큰 교회에 부임할 수 있었던 것은 전임 목회자가 20년 이상 수고하였기 때문이라는 사실에 감사한 마음을 가지면 좋겠어요.

　그런데 '이제는 내가 담임 목사가 되었으니 전임자의 그림자를 다 지워 버릴 테다'라고 작정하고 행동한다면 본인은 물론 그것을 보는 성도들도 불행하게 되지 않겠습니까?

홍정길　사실은 새로 들어간 목사가 전임 목사를 멸시해서 어렵게 하면 그대로 당할 수 있어요. 어쩌면 더 크게 당할 수도 있죠. 간단한 일이 아니지만, 쌍방이 잘해야 합니다. 특히 원로 목사로서는 하나님이 이제 '여호수아'를 세우셨고, 그를 통해 일하신다는 것을 받아들이고, 그를 세워 주려고 애써야겠지요.

최종상   그럼 담임 목사와 부목사는 어떤 관계로 일해야 교회를 가장 잘 섬길 수 있을까요?

홍정길   사회 조직으로 보면 부목사들은 허리 역할로서 일을 실질적으로 해야 하는 입장입니다. 축구로 말하면, 미드필더에 해당하지요. 그런데 부목사 임용을 1년 단위로 갱신한다든지 부사역자들의 은사를 충분히 활용하지 못한다면, 그것은 교회의 전체적 발전을 위해 바람직하지 못합니다.

남서울교회가 처음에 교구를 만들었을 때의 이야기입니다. 한 400-500가정을 교구 단위로 묶어 교역자를 배정하면서 이렇게 말해 주었습니다.

"맡은 교구를 개교회로 보고, 자신이 담임 목사라 여기고 사역해 달라. 간섭하지 않을 테니, 가장 건강하게 잘된 일들, 가장 어려운 일들은 보고해 주길 바란다."

당시 우리 교회 목회자 회의는 주로 그런 보고를 나누는 자리였습니다.

중요한 것은 예수 그리스도께서 대목자장이시니 그분과 부사역자들의 관계에서 자발적으로 충성하는 목회를 하도록 권면하고 지도하는 것입니다. 능력이 안 되어 힘들어하는 사역자도 있긴 했지만, 다들 잘하더라고요. 제가 매년 교회 전체 방향과 목표를 정하면, 거기에 따라 교구의 모든 사역은 교역자들이 소신껏 했어요. 우리 교회에서는 '부목사'라는 용어를 아예 쓰지 않았습니다.

주님께 감사드리는 것 중 하나는 교역자들을 당회에 참석시킨 것이에요. 당회가 교회 최고 의결 기관으로서 모든 일을 결의하는데, 정작 참석하는 장로님들은 일주일에 한두 번 교회를 와 보고 논의하는 경우가 많습니다. 그러니 현장을 잘 몰라요. 무슨 일이든지 현장을 모르는 채 결정하고 집행하면, 잘못되는 부분이 반드시 생깁니다. 그래서 현장에서 24시간 일하는 목사들을 참석시킨 거예요.

교역자들이 교회 리더십들과 한자리에 앉으면 의논이 잘되기도 하지만, 요긴한 목회 경험과 훈련이 되거든요. 그런데 제가 남서울교회를 떠난 다음에 그걸 없애 버리더라고요. 굉장히 서운했어요.

당회가 꾸중하려고 교역자들을 들어오라고 하는 경우가 많아요. 그러니 당회에 대해서 분노가 쌓인 채 사역하다 보면 담임이 되어서도 장로들을 목회자에게 고통을 주는 사람들로 생각하는 경우가 많아요. 상황이 이렇다 보니 문제가 계속 일어나죠.

우리 교인들은 자기들이 독립군의 자식들이라고 말하곤 했어요. 제가 교회를 비우고 해외 사역을 다닐 때가 너무 많았기 때문입니다. 그럼에도 불구하고, 교회가 유지되고 성장하기까지 했던 것은 동역하는 사역자들과 평신도들이 각자 맡은 일을 성실히 해 주었기 때문입니다.

8. 한국 교회의 나아갈 길

종교개혁에 앞서
삶을 개혁하라

최종상　우리 한국 교회에 종교개혁 같은 쇄신이 일어나야 한다
면, 개혁이 가장 절실한 영역이 어떤 영역이라고 보시는지요?

홍정길　종교개혁은 성경에 기록된 진리를 발견하여 교회를 갱신
시킨 것입니다. 마르틴 루터(Martin Luther)가 사람은 자신의 행위가
아닌 예수를 믿음으로써 의롭게 된다는 이신칭의(以信稱義)의 진리를
성경에서 발견하여 16세기에 종교개혁을 이루었습니다.

1792년 윌리엄 캐리(William Carey)도 성경에 기록되어 있는 세계 선교

의 진리를 발견하여 선교 운동을 일으켰습니다. 교회의 선교적 본질을 일깨워 교회를 갱신하고, 기독교가 세계적으로 확장되도록 발판을 마련했으니 이것도 하나의 중요한 종교개혁이라 할 수 있습니다.

지금 세계적으로, 특히 한국 교회를 갱신시킬 성경의 진리는 신행일치(信行一致)라고 생각합니다. 이신칭의 교리 못지않게 중요한 성경의 가르침이, 구원받은 성도들은 믿음과 일치되는 삶을 살아야 한다는 것인데, 우리에게 이것이 부족합니다. 한국 교회 성도들이 신행일치의 삶을 살면, 교회는 개혁되고 갱신되어 크게 힘을 얻을 것입니다.

또 저는 단순하게 생각합니다. 개혁하려는 사람들 자신이 먼저 개혁되지 않고서는 그들이 말하는 개혁은 불가능하다고 생각합니다. 세미나를 하고 책을 써내는 사람들, 그리고 개혁을 연구하는 사람들치고 정작 개혁된 사람은 찾아보기 힘들어요. 청교도들은 자신을 개혁했기 때문에 청교도 문화를 만들 수 있었고, 위그노(Huguenot)들도 자신을 그리스도 앞에서 새롭게 개혁했기 때문에 그렇게 오랫동안 많은 사람이 핍박받고 죽임을 당했는데도 그 뿌리가 남아 아직도 유럽에 강력한 영향력을 미치고 있습니다.

개혁의 현장을 나로 생각하면, 내가 개혁되는 만큼 교회도 개혁된다는 말이죠. 다른 사람은 개혁이 안 될지 모르지만, 적어도 내가 개혁된 것만큼은 새로워지는 겁니다. 거기서 개혁이 시작되어야지 세미나에서 나오는 아이디어나 회집한 군중의 열광만으로는 한계가 있습니다. 목회자가 아무리 개혁을 강의하고 부르짖어도 성도들을 바꿀 수 없습니다. 자신이 개혁돼서 변화된 삶을 보일 때, 그 본을 보고 성도들도 발전하는 거죠.

최종상　인터뷰 앞부분에서도 정치를 개혁하려면, 개혁을 이야기하는 사람들이 먼저 그런 삶을 살고, 그다음에 개혁을 주도해야 한다고 말씀하셨는데, 교회를 향해서도 정확히 똑같은 원리를 말씀하시는군요.

홍정길　똑같습니다. 여러 해 전에 법대 3학년 학생 하나가 찾아와 판검사가 돼서는 이 부조리한 나라를 개혁할 수 없을 것 같아 고시를 포기하고 노동판에 뛰어들면 어떻겠냐고 묻더라고요. 그 친구를 보고 "야, 너 공부하기 싫지?" 하고 물었어요. 박사학위 마지막 논문 쓸 때, 왜 내가 이 짓을 하는가 탄식 안 하는 사람이 별로 없거든요. 힘들고 두려우니까 쉬운 길을 택하려고 하는 경우가 많아요. 그래서 그 청년한테 그랬어요.

"정말 개혁을 원하고, 이 나라에서 귀한 일을 감당하고 싶으면 지금 고시에 합격해라. 합격한 후에 개혁해야겠다는 생각이 10년 동안 변치 않고, 그 개혁의 영역으로 너를 바로잡아 가면 그만큼 이 나라는 달라져 있을 거다. 만일 네가 20년 동안 같은 생각과 삶을 유지한다면, 그만큼 이 나라는 달라질 것이다."

자신을 개혁하지 않고 외치는 구호는 다 헛소리입니다. 이 정권도 개혁에 올인했어요. 그런데 실제로 보니까 개혁을 말로만 했지, 변화된 삶이 없으니 개혁을 주장하던 그 좋은 말들이 죄다 꾸중으로 되돌아왔잖아요. 그러니까 개혁이 안 되는 거예요. 교회도 마찬가지입니다. 그래서 목회자가 하나님 앞에 바로 선다는 것이 얼마나 중요하고 귀한지 모릅니다.

제가 목회하면서 우리 교회에서 동역하는 목사님들이 제 목회의 일 번지인데 이들 중에 소수라도 개혁되어서 잘 자라면 그 소수의 좋은 목회자들이 좋은 교회를 세울 것이라 생각했습니다. 동역하는 교역자들에게 관심을 갖고 투자해 주고 또 그분들이 스스로 잘할 수 있도록 뒷받침하려고 애써 보았습니다. 소수지만 가장 소중한 소수거든요.

사람이 바뀐다는 것은 엄청난 변화입니다. 사람이 많이 모이고 돈이 많은 것을 성공이라고 보는 세상 기준을 따라 한국 교회가 나아갔기 때문에 목회도 변화된 소수를 주목하지 않는 경향이 있습니다. 주변에 제가 존경하는 후배 사역자들이 있습니다. 소수지만 이들을 만난 것이 축복이더라고요. 그래서 개혁을 생각하는 사람은 개혁을 외치기 전에 스스로 변화된 삶을 살면서 개혁을 말해야 할 것입니다.

복음에
합당한 삶을 살라

최종상　한국을 포함한 세계 개신교가 일반적으로 좀 치우친 신학을 가르쳐 왔기 때문에 불신자들에게 그리스도의 사랑과 복음을 제대로 전달하지 못하고, 오히려 걸림돌을 놓은 부분이 있다고 생각합니다.

불신자들은 성경을 읽지 않습니다. 불신자들이 읽을 수 있는 성경은 바로 우리들의 삶이 아니겠습니까? 우리가 잘 살아감으로써 우리의 신앙을 보여 주고 증명해야 불신자들이 성경의 가르침에 관심을 갖고, 성경도 읽게 될 것입니다.

성도들이 구원받은 후에는 믿음으로 받은 구원의 증표를 삶과 선행으로 보여 줘야 하므로 구원받은 성도들에게 복음에 합당한 삶을 살라고 강조할 필요가 있지 않겠습니까?

홍정길　실제를 살지 않으면서 말로만 변화해서는 안 됩니다. 저는 평생 "내가 그리스도를 본받는 자가 된 것 같이 너희는 나를 본받는 자가 되라"(고전 11:1)는 본문을 가지고 설교해 본 적이 단 한 번도 없습니다. 무서워서 못 하겠어요. 그런데 본이 없으면 못 배웁니다. 그래서 목회자나 신학교 교수가 본을 보이지 못하면서 계속 가르치기만 하면 기독교는 '강의의 종교'가 되고 말지요.

저는 지금까지 살아오면서 주께서 은혜를 주셔서 좋은 일을 만나면 무조건 하다 보니 여기까지 왔거든요. 주께서 어떤 문제에 관해서 이건 꼭 해야 할 일이라고 자꾸 마음에 부담을 주세요. 기도 중에 확신이 서면, 주변 사람들에게 이거 하면 좋겠다고 합니다. 그런데 보통 잘 참여하지 못해요. 결국, 저하고 소수 몇 사람만이 시작하는 경우가 많아요. 그렇게 시작한 것이 선교 운동이고요. 또 어려운 이웃을 섬기는 일도 그렇게 시작되었어요.

남서울교회를 개척하고 2년 조금 지났을 때, 가까운 산동네에 사는 사람들 중에 장례를 못 치르는 가정이 있다는 얘기를 듣고, 여러 해 동안 교회에서 장례식을 해 드렸어요. 또 도시락을 못 싸 오는 아이들에게 교회에서 점심을 준비해 주었습니다. 성경에서 섬길 대상이라 하면 교회에서 어디든 도우려 하다 보니 성동구치소, 영등포교도소(현 서울남부교도소)도 한 달에 한 번씩 갔어요. 그러다가 사형수도, 무기수도 입양했는데, 출소 후 지금까지도 가족같이 지내는 사람들이 있어요.

이웃을 섬기려고 관심을 가지다 보니 아주 좋은 일을 하게 되신 분들도 보았습니다. 우리 교회 성도 중에 오뚜기를 창업하신 함태호 명예회장님이 계셨어요. 5년 전에 돌아가셨습니다만 그분이 생전에 심장병 재단을 통해 심장병 환우들을 많이 도우셨더라고요. 한번은 한국심장재단에서 축사를 부탁해 왔어요. 4,420명 심장 수술 기념 행사였어요. 도착해서 놀란 것은 한국심장재단에서 수술해 준 사람들의 숫자가 아니라 오뚜기 회사가 자체적으로 그만큼 지원했다는 거예요. 오뚜기 전 직원이 3천 명인데, 이들이 그렇게 많은 환우를 도왔다니 가슴이 뭉클했습니다.

저는 축사에서 "나의 작은 도움으로 한 사람이 살았다는 것보다 더 가치 있고 귀한 일이 어디 있겠는가? 여러분 3천 명이 4천4백여 명을 살렸다는 것이 너무 감격스러워서 말이 잘 안 나온다"고 했어요. 그 말을 듣고 많은 오뚜기 직원들이 울더군요.

식사 시간에 명예회장님께 이 일을 언제부터 어떻게 시작했느냐고 물었습니다. 전두환 대통령 때 이순자 여사가 새세대심장재단(현 한국심장재단)을 만들었답니다. 재벌들이 돈을 가져와서 몇천억이 한꺼번에 쌓였대요. 그 돈으로 심장재단을 만들어서 잘 운영했대요. 자기는 그 당시 기업이 워낙 작아서 후원할 군번에도 못 끼었지만, 보내온 공문을 보니까 너무 필요한 일이어서 우선 한두 사람 수술비만 지원했다고 합니다. 그 후 조금씩 규모를 키워 나갔대요. 그런데 전 대통령이 임기를 마치고 나니 재벌들이 다 떨어져 나가고 결국 혼자만 남게 되었답니다.

나중에 오뚜기가 커지기 시작하니 전두환 대통령이 비자금으로 키우는 기업이 있다는 소문이 돌아서 회사가 호된 고통을 받았답니다. 척추에서 생피가 흐르는 고통을 그때 당했다고 합디다.

그렇게 힘든데 왜 지금까지 하셨느냐고 물으니 이분이 하시는 말씀이 내 마음을 치더라고요.

"목사님, 이렇게 좋은 일을 왜 그만둬야 합니까!"

그리스도인들은 "악에게 지지 말고 선으로 악을"(롬 12:21) 이겨야 합니다. 함 명예회장의 태도가 바로 그런 거였어요.

효과가 작을지라도 성도들은 선행을 베풀려고 애써야 해요. 주께서 우리를 구속하신 것은 "선한 일을 열심히 하는 자기 백성이 되게 하려 하려 하심"(딛 2:14)이라고 했습니다. 하나님은 선(善)이십니다. 한국 교회가 선행에 대한 열정으로 불을 붙이면 이 나라와 교회가 달라질 것입니다.

최종상   전적으로 동의합니다. 목사님이 디도서 2장 14절 말씀을 인용하셨는데, 예수님이 십자가에 못 박히신 목적이 이 구절에 두 가지로 서술되어 있지 않습니까? 첫째, "모든 불법에서 우리를 속량하시고", 둘째, "우리를 깨끗하게 하사 선한 일을 열심히 하는 자기 백성이 되게 하려 하심"입니다. 보통 첫 번째 목적을 자주 강조하는데, 두 번째 목적에는 거의 눈길도 주지 않습니다. 이신칭의를 주장한 바로 그 바울이 선한 일을 열심히 하라고 하는데, 이 둘의 균형을 유지하지 못하는 것은 신학적으로 문제가 아니겠습니까?

홍정길   그동안 한국 교회는 이신칭의 교리의 긴 그림자 속에서 성경이 가르치는 다른 면을 충분히 가르치지 못했습니다. 사고하는 훈련이 안 되어서 그렇다고 생각해요. 저는 찰스 시메온(Charles

Simeon)이 한 말을 그대로 믿습니다. "우리의 구원은 오직 하나님의 전적인 은혜다. 이 말을 나는 믿는다. 동시에 누구든지 주님 앞에 나와 그분을 믿는 자는 구원을 얻는다. 나는 이것도 믿는다."

논리적으로는 모순이지만, 실제로 그런 게 참 많습니다. 예를 들어, 선이라는 단어는 두 가지 의미를 갖습니다. 선은 정의로워야 하고, 옳아야 합니다. 그러나 옳은 것만 갖고는 안 돼요. 정의만 있어서도 안 돼요. 정의감만 있는 현장은 잔인하고 살벌합니다. 가장 무서운 살인자들은 정의감에 불타는 사람들이에요. 정반대로 사랑이 있어야 합니다. 그런데 사랑이 항상 선이던가? 아닙니다. 사랑 때문에 바른 판단을 못 하거나 사랑 때문에 해야 할 말을 못 하는 비겁한 사람이 되기도 하거든요. 그런데 선이라는 것은 100% 사랑이어야 하고, 동시에 100% 정의여야 합니다.

이런 사랑과 정의가 한꺼번에 만난 사건이 바로 십자가입니다. 십자가는 하나님의 아들까지 죽이신 사랑이고, 아들마저도 속죄물로 드려야 하는 하나님의 정의가 실현된 곳입니다.

에베소서 2장에서 "너희는 그 은혜에 의하여 믿음으로 말미암아 구원을 받았으니 이것은 너희에게서 난 것이 아니요 하나님의 선물이라 행위에서 난 것이 아니니 이는 누구든지 자랑하지 못하게 함이라"(엡 2:8-9)라는 구절만 봐서는 안 돼요. 바로 다음 구절 "우리는 그가 만드신 바라 그리스도 예수 안에서 선한 일을 위하여 지으심을 받은 자니…"(엡 2:10)까지 읽어야 온전한 의미가 전달되는데, 자기 신학에 갇혀 그렇게 가르치지 못하는 분들이 있습니다.

최종상　저는 바울이 10절을 오히려 더 강조한다고 생각합니다. 에베소 성도들이 8-9절에 쓰인 대로 하나님의 은혜와 그들의 믿음으로 구원받은 것을 이미 알고 있기에, 구원받은 후에 그들이 가장 명심해야 할 것은 선행의 삶을 사는 것이라고 10절에서 강조하거든요.

홍정길　구원 후의 삶이 아주 중요하죠. 그것이 하나님이 우리를 구속하셔서 새로운 피조물로 재창조하신 이유라고 정확하게 쓰여 있잖아요. 그래서 바울은 "그리스도의 복음에 합당하게 생활하라"(빌 1:27)고 할 뿐만 아니라 "너희가 전에는 어둠이더니 이제는 주 안에서 빛이라 빛의 자녀들처럼 행하라"(엡 5:8)고 권면합니다.

최종상　예수님도 산상수훈을 마무리하면서 반석이나 모래 위에 집을 지은 사람들의 비유를 말씀하셨잖습니까? 그 말씀을 보통 반석이신 그리스도 위에 집을 지어야 한다고 설명하는 분들이 있는데, 그건 문맥에 맞지 않습니다. 산상수훈을 동일하게 들은 모든 사람에게 너희들이 들은 대로 행하면 "그 집을 반석 위에 지은 지혜로운 사람"(마 7:24) 같을 것이요, "나의 이 말을 듣고 행하지 아니하는 자는 그 집을 모래 위에 지은 어리석은 사람"(마 7:26) 같으리라고 말씀하셨습니다. 즉 차이는 행함의 여부뿐이라는 말씀 아니겠습니까?

홍정길　맞습니다. 성경 공부를 하다 보면, 한 단계씩 옮길 때마다 자기 신앙이 자랐다고 착각하는 경우가 많습니다. 그러나 그날 받은 말씀에 순종하는 훈련이 정말로 중요합니다.

미국의 경우를 보면, 남북전쟁 때 죽은 군인의 숫자가 해외 전쟁에서 죽은 숫자보다 더 많아요. 노예 해방이 하나님의 말씀이요 뜻인 줄 알게 되니까 그런 대가를 치르면서도 순종하여 실천했잖아요. 이것이 진정한 변화고 개혁이며 새로운 시대의 창출이죠.

이제 대학도 거의 온라인으로 운영되기 때문에 사람들이 만나서 인격적으로 서로 영향을 주고받지 못하는 시대가 됐어요. 그러므로 후손을 살리기 위해서는 교회야말로 교회다워져서 인격 대 인격으로 만나는 변화를 주어야합니다. 교회가 이런 역할을 회복한다면 이 나라도 살릴 겁니다.

최종상　목사님이 왜 신행일치가 우리 한국 교회에 필요한 종교개혁의 영역이라 말씀하시는지 이해가 됩니다. 그런 면에서 마르틴 루터가 이 부분에 대해서는 중대한 실수를 했다는 생각이 듭니다. 유럽을 다스리던 막강한 천주교에 맞서 이신칭의 신학으로 승리한 루터가 얼마나 위대합니까? 하지만 그는 행위를 강조하는 야고보서를 잘못 이해하여 자신의 이신칭의 관점에서 어긋난다는 이유로 '지푸라기 서신'이라고 폄하했습니다.

하지만 5장으로 된 짧은 서신에서 야고보는 "(내 사랑하는) 형제들아"

를 열다섯 번이나 반복하거든요. 그러니까 야고보는 이미 믿음으로 구원받은 형제들에게 이제 너희는 믿음만 얘기하고 있을 것이 아니라 순종과 선한 행위를 해야 한다고 강조하고 있는데, 그 위대한 루터가 해석학적 오류를 범하고 만 것이 아니겠습니까?

홍정길　루터는 당시에 "오직 행위로 구원을 얻는다, 돈 얼마만 집어넣으면 영혼이 하늘로 올라간다"는 식의 가톨릭의 미신적인 오류를 뒤집으려고 믿음을 강조하다 보니 너무 지나치게 나가 버렸어요. 이제는 오히려 구원받은 다음의 행위의 중요성을 강조해야 하는 시대가 되었어요. 중요한 것은 믿음과 행위의 균형을 유지하는 것입니다. 구원받으려면 예수님의 십자가 공로에 감사하는 믿음을 가져야 하고, 믿음으로써 구원을 얻은 후에는 하나님의 백성답게 사는 것이 필요하지요. 믿음의 실제가 삶으로 나타나야 합니다. 그러니 우리 성도들이 신행일치의 삶을 살아야 성도 자신도, 교회도, 나라도 나아질 것입니다.

최종상　그리스도인의 삶의 문제를 성경적으로 잘 강조해 주셔서 감사합니다. 하지만 균형을 잡는 것이 쉬운 일은 아니어서 잘못하면 윤리적 설교를 하게 되고, 그럼으로써 개신교도 윤리적 종교로 오해받을 위험도 있지 않겠습니까?

홍정길　잘 지적해 주었습니다. 세계 주요 종교가 다 윤리적인 삶을 강조합니다. 이 땅에서 각자가 어떻게 살았는가에 따라 다음 생애에 구원을 받는가 못 받는가가 결정된다는 구원론을 갖다 보니 그렇습니다.

하지만 개신교는 다릅니다. 신성을 가지신 예수님이 십자가의 죽음과 부활로써 죄 많은 인생을 용서하시고, 하나님과의 관계를 회복시켜 주셨다는 복음에 우리 구원이 달려 있지 않습니까? 그러니 복음이 가지고 있는 특성을 이해해야 하고, 복음 안에 들어 있는 삶을 강조해야 합니다. 먼저 '우리가 어떻게 구원받았는가'라는 본질적인 문제를 철저히 알고 나서 그 복음에 대한 감사의 반응으로 삶이 바뀌어야 한다는 것이지요. 신행일치는 신(信)에 걸맞은 행(行)을 강조하는 것인데, 순서는 신이 먼저라는 것을 유념해야 합니다. 그래서 복음 설교, 전도 설교가 더욱 필요합니다. 한국 교회가 복음과 성경에 충실한 교회로 변화되었으면 좋겠습니다.

슬로건에 속지 말고, 반대하라

최종상　이번 인터뷰에서 교회 이야기와 동시에 나라와 정치에 관한 말씀도 해 주셔서 감사합니다. 그 선상에서 여쭈어 보고 싶습니다. 히틀러가 수많은 유대인과 자신의 정적을 그렇게 무참한 방법으로 학살한 데는 독일 교회의 절대다수 신학자와 목회자들로 구성된 친나치 단체인 게르만기독교인(Die Deutschen Christen)의 적극적인 지지 또는 암묵적인 동의 때문에 가능하지 않았습니까?

이것을 반면교사로 삼아 어떤 성향의 정부이든지 만일 그 정부가 비윤리적이고 반기독교적인 정책을 추진한다면, 한국 교회가 목소리를 내야 한다고 생각하는 사람들이 있습니다. 심지어 과격한 행동을 하는 그룹들도 있습니다. 그런가 하면 권위에 순종하라는 말씀 때문에 잘못을 보고도 목소리를 내지 못하는 목회자나 성도들도 많습니다. 어떻게 하는 것이 현명할까요?

홍정길　목소리를 내야지요. 다만 사안을 정확히 보는 지혜와 판단력이 필요합니다. 독일 교회 중에 고백교회(Bekennende Kirche)와 자유교회(Freikirchlicher Gemeinden)는 그 운동에 가담하지 않고 끝까지 나치에 맞서 투쟁했습니다.

당시 독일의 배경을 좀 이해할 필요가 있습니다. 요한 고틀립 피히테(Johann Gottlieb Fichte)가 1808년 《독일 국민에게 고함》(Reden an die deutsche Nation)이라는 책을 써서 프랑스의 나폴레옹에게 유린당하는 독일 국민들의 민족주의와 애국주의를 일깨우며 강한 영향을 주었어요. 얼마 후 나라가 혼란스러워져 구세주 같은 지도자가 필요할 때, 히틀러가 나타나 질서를 잡으니까 그를 전폭적으로 밀어줬다고요. 그게 당시의 시대정신이에요. 마르틴 하이데거(Martin Heidegger) 같은 철학자도 "하일 히틀러(Heil Hitler)!"를 외쳤으니까요.

세월이 흐르고 나니 역사적으로 결국 디트리히 본회퍼(Dietrich Bonhoeffer)가 이겼고, 히틀러를 따르던 사람들은 다 망하지 않았습니까? 그러니 그리스도인은 시대정신을 따라갈 것이 아니라 "이 세대를 본받지 말고 오직 마음을 새롭게 함으로 변화를 받아 하나님의 선하시고 기뻐하시고 온전하신 뜻이 무엇인지 분별"(롬 12:2)해야 합니다.

요즈음 들려오는 진보 진영의 말들은 대부분 멋진 개념입니다. 마치 슬로건 같습니다. 공산주의 국가들은 슬로건을 내걸고, 그 아래서 생각하고 행동하곤 합니다. 제가 30년 가까이 북한을 다니면서 슬로건이 바뀌면 그들이 하는 말도 달라지는 걸 봤거든요. 그 슬로건 외에는 한마디도 못 하는 것이 그들의 시대정신이더라고요.

중국에 가 보면 몇 년 전부터 시진핑(習近平) 어록이 호텔에 도배되어 있어요. 큰일 났다는 생각이 들었어요. 중국은 망할 것입니다. 무슨 소리를 해도 망해요. 다른 사람은 어떻게 생각하는지 몰라도 제가 볼 때는 다 허구이거든요.

하나님이 당신의 형상대로 인간을 창조하시고, 자유 안에서 살도록 만들어 주셨는데 그것을 차단해 놓고 무슨 발전이 있고 부흥이 있겠어요? 서양의 경우 복음이 전파되는 곳마다 새로운 윤리가 생겨났습니다. 중국에서도 이처럼 복음으로 자정의 능력과 진정한 자유를 누리게 되기를 개인적으로 몹시 기대했습니다만, 아쉽게도 또다시 과거로 회귀하는 듯한 모습을 봅니다. 자정의 능력이 없는 문화, 국가, 그 어떤 공동체도 자유를 누릴 수 없습니다. 그러니 오래 못 갑니다. 히틀러 때도 그랬어요. 독일 국민들이 히틀러에게 열광했지만, 결국 그의 슬로건 속에 갇혀 자유를 빼앗기고 말았습니다.

최종상　이번 인터뷰에서 원론적인 것들과 함께 시사성이 있는 말씀도 해 주셔서 감사합니다. 우리나라와 한국 교회가 직면한 뜨거운 쟁점 중 하나가 차별금지법입니다. 진보 진영에서는 차별금지법을 입법하려고 발의했고, 진보 진영이 다수 의석을 차지하고 있으므로 통과될 것이라는 전망이 나오고 있습니다. 목사님은 어떻게 생각하시는지요?

홍정길　이 시대에 온 세계가 동성애자들을 차별하지 말자고 하는데, 누가 차별하겠다며 반대하겠습니까? 그러나 이 좋은 이름 뒤에 하나님의 창조 질서를 거스르는 엄청난 함정이 도사리고 있습니다. 분명한 것은 성경이 동성애를 금하고 있다는 점입니다. 그런데도 동성애를 옹호하는 것이 시대정신이라고 합니다. 이 시대정신을 법제화하려는 것이 바로 차별금지법입니다.

　하지만 차별을 금지한다면서 또 다른 차별을 만드는 건 안 돼요. 설명할 필요도 없이 저는 반대합니다. 그것이 너무 큰 위력으로 교회를 위협하기 때문에, 제가 언젠가 설교하면서 공산주의와 동성애 문제는 이 시대의 골리앗이라고 그랬어요. 그러나 우리는 골리앗의 큰 덩치를 볼 게 아니라 하나님의 이름이 그 안에 있는가 없는가를 봐야 합니다.

그러면 그리스도인은 이 문제에 어떻게 대처해야 할 것인가? 먼저, 동성애자들도 하나님이 창조하신 구속받을 대상인 것을 잊어서는 안 될 것입니다. 나와 다르다는 이유로 증오의 대상으로 볼 것이 아니라 긍휼히 여기고 불쌍히 여겨야 할 것입니다. 더 깊은 사랑과 용납이 필요합니다. 그러니 그들을 인격적으로, 자연스럽게 대해 주어야 합니다. 이것은 주께서 부탁하신 의무입니다. 누구를 미워하는 것은 어떤 경우에든지 범죄 아닙니까? 그리스도인은 주님이 주시는 삶의 본분을 보여 주는 일을 해야 한다고 생각합니다.

최종상   제가 사역하는 영국이 성차별금지법을 1975년에 통과시키고, 2004년에는 동성 간의 성행위를 합법화했습니다. 그런데 법안을 통과시킬 때는 보지 못했고 제기되지 않았던 문제들이 속속 드러나기 시작했습니다. 첫째, 결혼에 대한 재정의가 이루어졌습니다. 전에는 결혼이란 한 남자와 한 여자가 연합하여 가정을 이루는 것이었는데, 2013년 동성 결혼이 합법화되면서 결혼은 성별과 관계없이 한 사람과 한 사람이 연합하여 가정을 이루는 것으로 재정의되었습니다.

두 번째, 많은 역차별이 생겼습니다. 처음에는 동성 커플이 결혼

주례를 부탁하면, 목사는 주례해 줄 수도 있고 못 하겠다고 사양할 수도 있었습니다. 그러나 지금은 못 한다고 하면 차별한다고 처벌받습니다. 호텔이나 개인이 운영하는 숙박 시설에서 동성 커플에게 더블베드를 못 주겠다고 하거나, 제과점에서 동성 커플에게 결혼 케이크를 못 만들어 주겠다고 하면 처벌받을 수도 있습니다. 그뿐 아니라 동성애는 잘못이라고 생각한다고 의견만 표명해도 고발되면 법적 처벌을 받습니다.

세 번째, 어린아이들과 청소년들 사이에 성 정체성에 대한 혼란이 급증했습니다. 성(性)은 남녀 두 가지가 아니라 적어도 일곱 가지로 구분됩니다. 2018년 통계로 11세에서 14세의 아이들이 자신의 성 정체성을 검사해 달라고 의사들에게 신청한 수가 40배나 증가했습니다. 그 추세는 점점 더 가속화되고 있습니다.

아주 최근에 스코틀랜드 의회는 네 살짜리 아이들이 부모의 동의 없이 자신의 성(性)을 바꿀 수 있게 했습니다. 성 정체성을 선생님의 도움을 받아 결정하게 했는데, 부모는 선입견이 있어 안 된다며 배제했습니다. 놀라지 않을 수 없습니다.

초등학교에서 어느 날 남자아이가 여자 교복을 입고 나타나도 선생님이 야단은커녕 이의도 제기하지 못하게 되었습니다. 여자아이가 남자 이름으로 바꾸면 남자 이름으로 불러 주어야 합니다. 얼마 전 신문에도 났습니다만 성인 남자가 자신은 여자라면서 여탕에 들어간 일도 있지 않습니까?

목사들이 동성애가 성경적으로 맞지 않다고 설교하지 못하게 된 지는 오래되었습니다. 더 큰 문제는 동성애자들이 동성애 반대 입장을 표하는 목사들을 고의로 골탕 먹여 법적으로 목사직을 못 하게 막는다는 것입니다.

최근 영국에서 한 기독교 사립 고등학교 교목이 해임되었습니다. 2019년 학교 채플 시간에 설교한 것과 또 한 학생이 "기독교 학교에서 동성애, 양성애, 트랜스젠더 등 성 소수자들(LGBT)의 주장을 다 받아들여야 한다는 것이 말이 됩니까?" 하고 묻는 것에 "LGBT의 아이디어와 이념을 꼭 받아들여야만 하는 것은 아니다"라고 답변한 것이 문제 되어 해임을 당한 것입니다. 국교인 성공회가 운영하는 기독교 학교에서 이런 일이 생겼습니다.

결국, 차별금지법이 또 다른 차별을 가져오게 되어 절대다수 국민이 역차별을 받는 모순이 일어나 사회적 혼란을 야기하고 있습니다. 유럽에서 차별금지법은 표현의 자유, 신앙의 자유를 보장한 헌법 위에 존재하는 사실상 최고 상위법이 되어 버렸습니다.

저는 영국에서 이런 폐해를 보고 있는데, 지금 우리나라에서 그런 법을 통과시키지 못해 애를 쓰는 정치인들이 많고, 심지어 그런 성도들과 목회자들도 있는 것을 보고 놀라움을 금치 못합니다. 이것은 표를 얻기 위해서나 관대한 사람으로 보이기 위해 받아들일 성격의 문제가 아니라고 생각합니다. 심각성을 잘 몰라서 그러는 걸까요?

홍정길 진정한 그리스도인이라면 차별금지법에 들어 있는 독소 조항에 동조할 수가 없죠. 우리나라는 서구의 혼란과 실패를 반면교사로 삼아야 한다고 생각합니다. 이것은 종교의 차원을 넘어 사회적 혼란을 초래하는 위험한 법이라고 생각해요.

최종상 목사님은 이미 반대 의사를 분명히 밝히셨습니다만, 개인적으로 반대하는 분들이 많을 거예요. 하지만 생각에 그치지 않게 하려면, 한국 교회가 어떻게 대처해야 하겠습니까?

홍정길 두 가지를 병행해야 할 것입니다. 첫째는 반대 목소리를 모아서 내야 합니다. 지금까지 몇몇 단체가 반대해 왔고 지금도 계속 반대하고 있어요. 어느 목사에게 목회자들의 의견을 모아 국회에 의견서를 제출하도록 부탁했습니다.

두 번째는 그리스도인이 바른 가정의 삶을 보여 주는 것입니다. 미국에서 프리섹스가 만연하던 때에 한 기자가 빌리 그레이엄(Billy Graham) 목사에게 프리섹스를 어떻게 생각하느냐고 질문한 적이 있어요. 빌리 그레이엄 목사가 딱 한 마디로 즉답을 했어요.

"'간음하지 말라'(출 20:14) 하셨습니다."

우리가 설 자리를 보여 준 사례 같습니다. 그리스도인 가정들이 하나님이 설계해 주신 가정의 원본을 그대로 살아내야 합니다. 그것이 이 세상과 차별되는 것이고, 젠더 문제를 이길 수 있는 유일한 길이라고 생각합니다. 가정에서 부모와 자식이 사랑하는 모습이 중요합니다. 많은 사람이 부부의 갈등이나 부모와의 갈등 때문에 신앙을 떠나고, 부모에게 실망하여 마음이 비뚤어지고 성 인식에도 영향을 받기 때문입니다.

선교의 축복을
놓치지 말라

최종상 　목사님은 목회 초기부터 해외 선교에 힘써 오셨는데, 요즈음 한국 교회에 선교의 열기가 줄어들고 있습니다. 꼭 코로나 때문만은 아닌 것 같은데 해외 선교를 지속하려면 앞으로 어떻게 해야 하겠습니까?

홍정길 　한국 성도들의 복음에 대한 열정이 식은 것이 가장 중요한 이유 같아요. 전도를 강조하면 양육이 아무래도 약화됩니다. 반면에 양육을 강조하면 전도의 영이 식는 것 같아요. 역사적으로 보면, 교회 안에 있는 성도들을 목양해야 하니까 조직을 만들게 되었고, 양육 프로그램도 만들게 되었습니다. 양육에 집중하면서부터 불신자들에 관한 관심이 줄어든 게 사실입니다. 코로나 이후의 시대는 더 힘들지 않을까 싶어요.

이제는 복음에 대한 열정이 식어 갈 뿐 아니라 선교지에서도 기회가 적어질 것입니다. 어디서나 다른 민족에 대한 배타성이 굉장히 증폭되고 있는데 코로나 사태가 크게 일조할 것으로 생각됩니다. 세계가 이렇게 어려워지는 때에 주님이 우리에게 다시 부흥을 허락하셔서 우리 속에 살아계신 예수 그리스도, 우리가 고백하는 예수 그리스도께서 한국 교회에 다시 역사하신다면 선교는 제2의 길을 맞이할 수 있지 않을까 싶습니다.

오래전에 베트남에서 총신대학교로 유학 왔다가 공부를 마치고 돌아간 바오 목사가 떠날 때 우리에게 했던 말이 생각납니다. 그가 이렇게 도전하더군요.

"한국은 베트남에 군대도 보내 주고, 사업가도 보내 주고, 기술자도 보내 주면서 왜 선교사는 안 보내 줍니까? 지금 당신들이 선교사들을 보내 복음을 전해 주지 않는다면, 나중에 베트남 공동묘지에 와서 복음을 전해야 할 때가 올 것입니다!"

그러면서 "여러분, 예수님께 빨리 오시라고 기도하지 말아 주세요. 예수님이 지금 오시면 우리 민족 대부분이 영원히 죽습니다. 제발 예수님이 늦게 오시도록 기도해 주세요"라고 덧붙였습니다. 당시 베트남이 전쟁 중이어서 선교사가 파송되지 않았던 것인데, 바오 목사의 말은 마치 '마게도냐 사람의 환상' 같은 부름이었고(행 16:6-10), 음부로 내려간 부자가 아브라함에게 부르짖는 것 같은 절규였어요

(눅 16:19-31).

아직도 복음을 필요로 하는 종족이 많다는 것을 우리는 기억해야 합니다. 그동안 한국 교회가 세계 선교 역사상 큰일을 담당하도록 허락해 주신 것은 하나님의 은혜인데, 앞으로도 선교의 축복을 놓치지 말아야 할 것입니다.

최종상　지금까지는 해외에 나가서 하는 선교가 주류를 이루었는데, 인터뷰 초두에 말씀하셨듯이 이제는 선교지 사람들이 우리나라로 오기도 합니다. 한국 교회는 새로운 선교의 기회와 자극으로 다가온 이주민들에게 어떻게 전도하는 것이 좋을까요?

홍정길　다문화 가족들, 특히 무슬림들을 도외시하여 접근조차 하지 않으려는 성도들이 있는가 하면 무조건 전도부터 하려고 덤비는 분들이 있습니다. 두 방법 다 문제가 있습니다. 먼저 무슬림도 하나님이 사랑하시는 영혼들임을 잊지 말아야 합니다. 하나님이 그들을 우리에게 보내 주셨습니다. 그러니 이들을 피해서는 안 될 것입니다. 또한 전도하기 위해 무리하게 접근하기보다는 먼저 그들의 신뢰부터 얻는 것이 필요합니다. 신뢰를 얻으려면, 그리스도인의 삶의 모습을 보여 주는 사랑이 필요합니다. 하나님의 사랑이 담긴 몸짓으로 그분들을 향해 나아가야 해요.

그러나 사랑을 보이겠다고 구제 활동만 해서도 안 될 것입니다.

문화적으로 대접하고, 좋은 환경을 만들어 주고, 배고팠던 사람들 배고프지 않게 해 주는 것이 다문화 문제의 해결이라고 생각하는데, 꼭 그렇지만은 않다는 거죠.

중요한 것은 그들에게 예수님이 필요하다는 것입니다. 궁극적으로 예수 없이는 인생의 문제가 해결되지 않기 때문입니다. 하나님의 사랑으로 섬기되 서두르지 말고, 그러면서도 복음 전하기를 잊지 않고 예수님을 알게 해 주는 것이 그들의 인생을 돕는 최선의 길입니다.

KOSTA 수련회 때문에 독일에 갔을 때, 독일 목사들이 흥분해 있더라고요. 자기들이 가서 전도하기 힘든 북아프리카 난민들이 밀려오니까. 그리스도의 사랑으로 저들을 섬기겠다고 좋아했어요. 그래서 난민들을 정말 잘 대해 주었습니다. 잘 도와주면 예수를 믿을 줄 알았던 것입니다. 마음을 얻었으면, 복음까지 전했어야 하는데, 그걸 놓쳤어요. 예수 말고 "천하 사람 중에 구원을 받을 만한 다른 이름"(행 4:12)이 없는데, 그 핵심을 전하는 걸 놓쳐 버린 것입니다. 결국, 우리에게도 이런 문제가 도래할 것입니다.

최종상 전적으로 동의합니다. 여러 종교 배경을 가진 사람들이 우리나라로 오겠습니다만, 특히 이슬람 국가에서 많이 옵니다. 제가 사역하는 영국의 경우에 비추어 보면, 한국 교회가 좀 더 적극성을 가지고 사랑과 복음으로 이들에게 다가갈 필요가 있다고 생각합니다.

영국 잉글랜드 중부에 레스터(Leicester)라는 도시가 있습니다. F. B. 마이어(F. B. Meyer), 리처드 백스터(Richard Baxter), 현대 선교의 아버지로 불리는 윌리엄 캐리 등 유명 목회자들이 목회하던 곳입니다. 세계 복음주의 학생 운동 단체인 IVF(Inter-Varsity Evangelical Student Fellowship) 국제본부와 가장 복음적인 기독 서적을 출판하는 IVP 출판사 본사가 있던 곳입니다. 한마디로 당시 영국에서 가장 복음적인 도시 중의 하나였습니다.

그런데 1968-78년 사이에 동부 아프리카에 살던 인도·파키스탄계 무슬림과 힌두교인 이민자들이 이디 아민(Idi Amin Dada Oumee) 당시 우간다 대통령의 핍박을 피해서 영국으로 피난을 왔는데, 영국 정부는 그들을 주로 레스터에 정착시켰습니다. 그때까지만 해도 피난 온 사람들이 그리 많지 않았어요. 처음에 5-6천 명이 왔고 십 년 사이에 2만 명 정도 레스터에 정착했습니다. 지금은 약 16만 명으로 레스터 인구의 37%를 차지하고 있습니다. 그들의 수가 적었던 초창기에, 그 복음적인 도시의 교회들이 그들을 감싸 안았더라면 얼마나 좋았겠습니까? 그런데 그러지 못했어요. 그러다 보니 2021년 현재 모스크(mosque)가 레스터 시내에만 35개, 인근 지역까지 합하면 74개나 되고, 큰 예배당 건물들이 24시간 방송하는 힌두교 방송국, 자이나교(Jainism) 사원 등으로 변했습니다. 지금은 레스터의 영국 교회는 교세가 너무 약화되었고, 이민자의 수가 너무 많아져서 교회가 이민자들에게 복음을 전할 여력이 없습니다.

우리나라도 그렇게 될 수 있으므로 상황을 미리 내다보고 이주민의 숫자가 적을 때 그들에게 적극적으로 다가가 돕는 동시에 복음도 전하면 좋겠다는 생각이 간절합니다.

홍정길　민족의 이동은 세계적인 추세이니 이민족들과 사는 것을 일상으로 받아들여야 해요. 못 들어오게 막거나 이주한 사람들을 냉대하기보다는 그들을 잘 섬겨서 그들이 그리스도인이 되게 하면 선교적으로 더 좋은 효과를 가져올 것입니다. 우리 전주대학교에서 좋은 일을 하나 하고 있어요. 자발적으로 호스트 패밀리(host family)가 되어 인종이나 국적이나 종교에 상관없이 유학생들을 입양하게 하는 것입니다.

이 일은 지역 교회에서 먼저 시작했는데, 지금은 전주대학교의 주요 사역이 되었습니다. 교인들이 유학생들을 주말에 집에 초대하여 식사를 나누며 교제하고, 원한다면 주일에 함께 교회에서 예배를 드리고 있습니다. 가정을 열고 나를 열면 외국인들이 우리나라와 그리스도께 마음을 여는 경우가 많아요. 성경 말씀대로 나그네들을 대접하고, 복음을 전하는 순종이 이런 열매를 맺습니다. 또 ISF(International Students Fellowship: 국제학생회)라는 국내 단체에서도 외국에서 우리나라에 온 유학생들을 섬기는 일을 잘하고 있습니다. 전국 각 대학에서 믿음 있는 교수님들이 자원하여 유학생들을 맡아서 카운셀링과 편의를 제공하고, 가능한 대로 신앙도 전해 주려고 애쓰고 있습니다. 이들은 자기 나라로 돌아가면 귀한 인물이 될 사람들이기 때문에 공공외교 차원에서도 우리의 따뜻한 관심과 우의제공이 필요한데 이런 노력이 다 귀합니다.

최종상　영국에서 무슬림들한테 "영국에 살면서 갖게 된 소원이 무엇이냐?"고 묻는 설문 조사가 있었는데, 영국 가정에 초대받아서 같이 식사하는 것이 제일 큰 소원으로 꼽혔다고 합니다. 그런데 전주대학교와 지역 교회들과 ISF에서 그런 사역을 하고 있다니 정말로 훌륭합니다. 외국 유학생들은 우리의 관심과 사랑을 제일 고마워할 것입니다. 목사님께서는 전주대 이사장으로, 또 ISF 고문으로 계시는데, 유학생들을 섬기는 일에 좋은 열매를 맺길 기원합니다.

소모적인 논쟁을 버리고, 신학의 균형을 잡아라

최종상　목사님, 한국 교회의 앞날과 문제를 거론하면서 목회자를 배출하는 신학 대학의 이야기를 하지 않을 수가 없습니다. 열정적인 전도자, 한 영혼을 귀히 여기는 목회자, 성경의 진리를 찾을 신학자를 길러 내는 교육을 하려면 신학 대학 교수들의 역할이 중요하지

173

않겠습니까?

홍정길　교수님들이 교수직에 대해 좀 더 깊은 사명 의식을 가졌으면 좋겠습니다. 내 강의를 듣는 학생들에게 무엇을 가르치며 어떤 유익을 줄 것인가를 결정해야 해요. 그러면 그 대상을 향해서 어떤 노력을 해야 할지가 보일 것입니다. 그런데 제가 보는 학자 중에 좋은 분도 많지만, 외국에서 공부했던 것들을 거의 달달 외워서 쉽게 강의하는 분들도 제법 많습니다.

성경은 "내 형제들아 너희는 선생 된 우리가 더 큰 심판을 받을 줄 알고 선생이 많이 되지 말라"(약 3:1)고 했는데, 주님이 나를 선생으로 세워 주셨으면 선생으로서 자신이 서야 할 자리를 잘 지켜야지요. 독일의 철학자 니체(Friedrich Wilhelm Nietzsche)가 "나는 왜 운명인가?" 라는 글에서 자신을 "영원한 회귀(回歸)의 스승"이라고 강조하면서 "스승은 운명"이라고 그랬단 말이에요. 운명을 바꾸는 만남이 스승을 만나는 것이거든요. 학생들에게 어느 교수를 만나서 당신의 운명이 어떻게 바뀌었느냐고 물어보면 그 교수에 관해 알 수 있습니다.

다른 분야의 교수는 모르겠습니다. 그러나 적어도 신학을 가르치는 교수는 학문은 물론 신앙도 가르쳐야 하는데, 그것을 위해 얼마나 노력하고 계시는지 의문입니다. 특별히 학생들이 바뀌지 않는 것에 관한 안타까움이 간절했으면 좋겠습니다. 내 강의를 듣는 학생들의 삶이 달라져야 하거든요.

저는 예수를 믿고 제 안에 나타나는 그리스도의 역사를 경험하고 나서 이 사실을 말하지 않고는 견딜 수가 없어서 외쳐 댔습니다. 미친 사람처럼 전도했어요. 진리를 알았는데 어떻게 그대로 있을 수가 있느냐 말입니다. 학생이 내 강의를 듣고 진리를 알게 되어 삶이 바뀌어 또 다른 사명자가 되어야 합니다.

옛날에는 지식을 전달하는 것만으로도 학문적인 업적이 될 수 있었지만, 이제는 원서도 많이 번역되어 나와 있고, 스마트폰으로 온갖 지식을 다 검색할 수 있지 않습니까? 자기 선생을 넘어서는 노력이 없으면 좋은 교수가 될 수 없다고 생각해요.

고신대, 총신대와 합신대 졸업생들의 말을 들어보면, 한국에서 그들의 삶을 뒤흔드는 가장 큰 영향을 주었던 교수는 박윤선 목사라고 합니다. 한신대학교 쪽에서는 김재준 목사를 그렇게 얘기하더라고요. 제가 철학을 전공하고 신학교에 갔는데, 신학교에서도 플라톤과 아리스토텔레스의 로직(logic)을 그대로 쓰는 것을 보고 신학 공부에 흥미를 못 느꼈어요.

하지만 박윤선 목사의 강의는 달랐어요. 심령을 흔들더라고요. 총신대 총장을 지낸 김의환 목사는 세계적인 학자 가운데 박윤선 목사처럼 기도를 많이 하는 교수는 보지 못했다고 하셨어요. 박 목사는 컴퓨터는 고사하고 타자기도 제대로 없었던 시대에 성경 66권의 주석을 다 쓰셨어요. 그만큼 말씀에 빠져 사셨던 분이에요.

제자들에게 영향을 끼치는 교수들을 보면 본받을 만한 삶을 사셨어요. 정보 전달자가 아닌 인생 스승의 면모를 좀 더 확고히 보여 주었으면 좋겠어요. 연구 논문을 쓸 때도 영어로 번역해도 될 만한 내용을 쓰면 좋겠어요. 표절이 없어야 하는 것은 물론이고, 남의 학설을 요약하는 데 그치지 말고, 세계 신학계에 공헌할 만한 책을 우리 신학 교수들이 많이 쓰면 좋겠습니다.

공부를 게을리하는 분들은 자기가 나온 학교와 자기가 배운 신학이 최고인 줄 알아요. 거기에 딱 갇혀 있어요. 존 웨슬리(John Wesley)와 존 칼빈(John Calvin)은 서로 대립하지 않았는데, 후대 학자들이 이들을 대립시켰어요. 하나님의 주권을 설명하다가 하이퍼 칼비니즘(Hyper-Calvinism)을 만들었어요. 아마 칼비니즘이란 말을 가장 싫어하는 사람이 칼빈일 거예요. 그런데도 학자들이 칼빈에 갇혀서 칼비니즘이라는 말을 만들어 내고, 모든 것을 하나님이 주관하신다는 극단으로 흐르다 보니 하이퍼 칼비니즘이 된 것이지요.

거기에 대한 반향으로 나온 것이 웨슬리 신학이에요. 역사적으로 다른 시대에 발전 단계에서 나온 신학입니다. 그런데 한국에는 이 두 노선이 동시에 들어왔어요. 그러니까 다들 마치 칼빈과 웨슬리가 같은 시대에 얼굴을 맞대고 논쟁했던 것 같이 대립 개념으로 생각한단 말이죠.

최종상　목사님이 웨슬리와 칼빈에 관해 말씀하시니까 언뜻 생각나는 게 있습니다. 사실, 하나님의 전적인 주권을 주장하는 칼빈주의자들이 가장 많이 인용하는 성경 본문이 로마서 9장입니다. 그런가 하면 인간의 책임을 강조하는 웨슬리안들이 가장 많이 사용하는 성경 본문은 로마서 10장입니다. 바울은 로마서 9장과 10장을 아무런 신학적 갈등 없이 써 내려 갔습니다.

그럼에도 불구하고 많은 학자들이 9장과 10장의 전체적인 문맥과 의도를 이해하지 못한 채 자기가 좋아하는, 자기의 신학적 입장을 지지하는 구절들만 뽑아서 모아다가 돋보기를 들이대고 마치 성경에 그 구절들만 있는 것처럼 강조합니다. 반대쪽의 입장을 지지하는 구절들이 성경에 많이 있음에도 불구하고 무시하거나 없는 걸로 취급하기도 합니다.

진리와 균형을 찾으려고 하기보다는 자신이나 교단의 신학적 입장을 사수하려는 일부 학자들의 이런 자세 때문에 성경이 말하는 신학적 균형을 가르치지 못하는 게 아닌가 생각합니다. 지난 400-500년 동안 세계에서 머리가 제일 좋은 신학자들이 서로 논쟁하면서 아까운 시간을 보내 왔다는 사실이 안타까울 따름입니다.

목사님, 신학 교육은 교수의 깊이 있는 학문과 신앙뿐 아니라 신학 커리큘럼과도 직결되지 않습니까? 신학만 가르쳐선 안 되고 실천을 많이 가르쳐야 할 것 같습니다. 더 나아가 신학교는 주의 종을 기르는 곳이니만큼 목회자의 영성과 성품도 중요할 텐데요. 이를 향상시킬 커리큘럼에 관해서는 어떻게 생각하십니까?

홍정길　　실천해 본 사람이라야 실천을 가르칠 수 있죠. 실천은 학술적으로 가르칠 수가 없어요. 주님의 일은 성령의 인도하심이 제일 중요합니다. 성령의 인도하심을 받는 설교자, 목회자가 되려면 신학과 실천과 영성을 교육할 커리큘럼이 구성되어야지요.

마틴 로이드 존스 목사님이 쓴 《설교와 설교자》(Preaching & Preachers)를 읽으면서 참 깊은 감동을 받았어요. 설교의 모든 조건을 설명하고는 그 마지막에 설교는 목회자에게 주신 성령의 최대의 선물이요 능력이라고 하시더군요. 그때까지 설교학 책에서 성령을 언급한 것을 본 적이 없었습니다. 그분은 설교를 진심으로 해 왔기 때문에 성령의 도움 없이는 진정한 설교가 나오지 않는다는 것을 아셨던 것이지요. 그래서 보니까 다른 신학자들은 어떻게 하면 말을 멋지게 표현할 것인가에 더 관심이 있더라고요. 영적인 능력에 관해서는 별다른 강조가 없어요. 그러니까 신학교 채플이 죽을 수밖에 없죠.

신행일치는 신(信)에 걸맞은 행(行)을

강조하는 것인데,

순서는 신이 먼저라는 것을

유념해야 합니다.

그래서 복음 설교, 전도 설교가

더욱 필요합니다.

한국 교회가 복음과 성경에

충실한 교회로 변화되었으면 좋겠습니다.

9. 홍정길의 걸어온 길을 돌아보다

주님은
한 걸음씩 인도하신다

최종상　목사님은 목회자로 사역하면서도 주님이 열어 주시는 대로 여러 사역의 길을 걸으셨습니다. 걸어온 길을 스스로 어떻게 평가하시는지요?

홍정길　지금까지 일해 왔던 것을 되돌아보면 뚜렷한 목표를 가지지 못한 채 해 왔다는 생각이 듭니다. CCC를 떠나올 때, 비전을 놔두고 와서 그런지 저는 비전이라는 말을 잘 쓰지 않았어요. 그 대신 눈앞에 보이는 일에만 충실하면서 주님이 내 삶을 어떻게 인도하시는지를 보고자 했습니다. 그렇게 해서 지금까지 온 거예요.

처음에는 전도가 필요해서 전도에 집중했습니다. 그랬더니 전 교인의 70% 정도가 처음 믿는 사람이었어요. 이렇게 모인 사람들을 보니 성경을 알게 해야겠다는 생각이 들어서 성경 공부를 시작했어요. 세계를 품고 같이 기도하다 보니까 선교를 보게 되어 선교의 부르심에 순종했어요. 또 우리 주변의 산동네에 사는 어려운 사람들을 보니 자연스럽게 구제 사역으로 연결되더군요.

한번은 구역 성경 공부 시간에 이런 일이 있었습니다. 그날 마태복음 25장을 공부하면서 굶주리고 헐벗고 갇힌 이웃을 돌보는 것이 곧 예수님을 섬기는 것임을 배웠어요. 성경 공부를 마치고 돌아가면서 한마디씩 돌림 기도를 하게 되었습니다. 대부분 열심히 돈을 벌어 여유를 갖게 되면 주님을 대접하듯이 주위 사람을 섬기겠다는 내용으로 기도했어요. 그런데 한 사람이 울먹이면서 "주님, 저도 전에는 돈을 벌어 모든 걸 여유롭게 갖추게 되면 구제하겠다고 생각했는데, 오늘 성경을 보니 주님이 언제 오실지 모른다고 했습니다. 제가 돈을 버는 도중에 오시면 어떻게 되겠습니까? 그럼, 주님을 어떻게 만납니까?" 하고 기도하는 것이었습니다.

그러더니 갖고 있던 500원짜리 동전을 하나 내놓으면서 "지금 내 주머니에는 이것밖에 없지만, 우리 주머니에 있는 것을 털어서 연탄 한 장도 사기 힘든 사람들을 도와주는 일을 합시다"라고 제안했답니다. 그러자 성도들이 형편껏 천 원도 내고 만 원도 내서 3개월 동안 달동네 가난한 가정들을 섬겼지요.

제가 3개월 후에 달동네 봉사 현장에 가서 그 이야기를 듣고는 울컥하여 그냥 울어 버렸어요. 다들 성경 공부를 똑같이 했거든요. 부자 성도들도 많았어요. 그러나 아무도 안 움직였는데, 한 사람이 말씀에 순종하기 시작하니 놀라운 일이 생긴 거예요. 이 이야기를 설교 시간에 했더니 온 성도가 머리를 숙이더라고요.

예배 후에 재직회가 있었는데, 어느 집사가 구제비를 2천만 원으로 올려서 인근에 어려운 이웃을 본격적으로 돕자고 제안했습니다. 모두 감동하고 있는데, 고려대 경영학과 교수인 김인수 장로(2003년 작고)가 일어나더니 "달동네에서 장례비가 없어서 장례를 못 치르는 가족들을 보았습니다. 장례를 치를 여력이 없는 가정의 장례비를 우리 교회가 전액 부담하여 도웁시다. 그러자면 구제비를 1억 이상 책정해야 할 겁니다"라고 파격적인 안을 내놓았어요.

사실, 그때까지 구제 헌금으로 2백만 원이 모였지만 한 번도 제대로 써 본 적이 없었어요. 반포 아파트에서 사는 사람들한테 구제비를 주면 오히려 기분 나빠해요. 반포를 조금만 벗어나도 가난한 사람들이 많았는데, 그걸 보지 못했던 것이지요. 그래서 구제비가 그대로 남아 있었던 겁니다.

김 장로가 그냥 예산 1억을 책정하자고 했으면, 1억 이하로 편성했을 텐데 이분이 '1억 이상'이라고 콕 집어 제안하는 바람에 단번에 1억 이상을 편성하게 되었어요. 그 유명한 경제학자가 그렇게 엉터리 같은 제안을 한 겁니다. 결국, 그때부터 지경을 넓혀 도울 사람들을 찾기 시작했죠. 헌금이 들어오기 시작하는데, 성령의 음성에 순종하는 사람들이 기꺼이 헌금하기 시작하더라고요.

그때부터 '구제부'라는 명칭을 '사회봉사위원회'로 바꾸었습니다. 구제부에서 지원받으면 좀 그렇잖아요. 그 후 다른 교회들도 구제부라는 이름 대신에 사회봉사위원회로 바꾸더라고요. 그다음은 교도소 전도로 이어졌고, 그런 식으로 여러 사역들이 자라났습니다. 저는 거기까지밖에 몰라요.

예배당이 완공된 후에는 합동신학교에 장소를 제공했고, 1986년에 유학생 선교 대회인 KOSTA가 시작되어 지금까지 세계 여러 나라에서 진행하고 있습니다. 우리 교회에서 파송하는 선교사의 수가 늘어나니까 이태웅 목사님을 모셔 와서 한국해외선교회(GMF)를 창립했습니다.

이런 과정에서 참 감사한 것은 여러 사역에 대해 우리 교회가 소유권을 갖지 않고, 각각 독립된 기관으로 세웠다는 것입니다. 즉 합동신학교, GMF, 남북나눔운동, KOSTA, 전도폭발운동 등 제가 목회하던 교회에서 주력하던 사역들이 교회에 소속된 기관이 아닌 독립적인 기관으로 세워진 것입니다. 직접 운영하지 않고, 한 발 물러나 후원하는 자리를 지킨 것이지요.

마지막에 장애인 문제가 보이니까 제가 남서울교회를 떠나 남서울은혜교회에 와서 밀알학교를 세워 일을 시작했고요. 밀알학교는 처음부터 땅을 사서 건물을 지어 학교에 기증했습니다. 우리 교회와는 아무 상관이 없어요. 이런 결정이 우리 교회가 축복받는 원천이 되었다고 생각해요.

대형 교회들 중에 좋은 프로젝트를 하다가 담임 목사가 바뀌면 지속하지 못하는 경우가 허다해요. 우리는 교회 안에서 진행하던 사역들을 각각 독립 기관으로 세웠기에 제 은퇴와 상관없이 잘 진행되고 있어 감사합니다. 탈북 청소년들을 대상으로 하는 여명학교도 여러 사람이 힘을 합쳐 우리 교회에서 시작했는데, 주님의 것으로 키워 놓으니 우리 교회와 상관없이 잘 자라고 있단 말이죠.

지나 놓고 보니 우리 것으로 삼지 않고, 주님의 것으로 키울 수 있었던 것이 목회에서 가장 축복받은 열매가 된 것 같습니다. 비전을 세우거나 계획하지는 못했지만, 지금 와서 돌아보니 여기까지 인도해 주신 주님의 신실하신 은혜에 감격할 따름입니다. 한마디로, 저는 부족했지만 하나님은 신실하셨습니다.

최종상　　목사님의 이야기를 들으니 "주의 말씀은 내 발에 등(燈)이요"(시 119:105)라는 말씀을 따라 사역해 오신 것 같습니다. 1-2m 앞밖에 비추지 못하는 호롱불을 따라 한 걸음, 한 걸음 옮기며 주님을 따르다 보니 팔순이 되도록 국내외에서 주님의 일꾼으로 귀하게 쓰임을 받으시는군요.

KOSTA와
중국 도시 교회

최종상   20대 때에 CCC에서 청년 대학생들을 대상으로 첫 사역을 시작하셔서 그런지 청년들을 향한 열정이 남다르십니다. 특히 해외 유학생들을 위해 KOSTA 사역을 오랫동안 해 오셨습니다.

홍정길   유학생들이 외국에 나가 어려운 환경에서 아르바이트하랴 공부하랴 애쓰는 것을 보게 되었어요. 이들은 장차 우리나라는 물론 세계에서도 지도자가 될 사람들이잖아요. 세계 부흥 역사는 언제나 젊은이들을 중심으로 시작되는 것 같아요. 이동원 목사, 하용조 목사와 함께 기도하는 중에 이들을 격려하고 복음으로 섬기자는 생각을 하게 되었어요. 1986년 미국 워싱턴 근교에서 첫 모임을 가졌는데, 2백여 명의 유학생들이 모였어요. 지금은 22개국, 30개 도시에서 1만5천여 명의 학생들이 참석하고 있습니다. KOSTA는 매년 한두 번씩 수련회를 개최하는 것을 중심 사역으로 해 왔는데, 지금까지 참석한 청년들의 수는 20만 명 이상에 달할 거예요.
《세계 선교와 기도 정보》(*Operation World*)의 저자로 잘 알려진 패트릭 존스턴(Patrick Johnstone)이 KOSTA에 강사로 왔을 때, 자기가 보니 세계 교회사에는 없는데 한국 교회에만 있는 것이 딱 두 가지가 있다고 하더라고요. 바로 새벽 기도와 KOSTA랍니다. 자기 나라 유학생 젊은이들을 복음으로 변화시키고 돌보고 양육하겠다고 외국에까지 쫓아가서 수련회를 열어 사역하는 건 한국 교회밖에 없대요. 우리를 격려해 주려고 그런 이야기를 했던 거 같습니다만, 사실 그분 말이 맞기도 해요.

언젠가 카이스트(KAIST)에서 강의하면서 KOSTA에 와 본 사람은 손을 들어 보라고 했더니 거의 절반이 손을 들더군요. CCC, IVF, UBF 등 대학생을 대상으로 하는 귀한 사역들이 곳곳에 많은데, KOSTA도 그중 하나예요.

KOSTA 출신들이 각자 삶의 영역에서 최선을 다하고 있는 것으로 압니다. 그중에는 대통령 출마를 선언한 사람도 있어요. 우리는 KOSTA에 참석했던 사람들을 별도로 관리하지 않고, 하나님이 주신 자유 의지로 자기 삶의 영역에서 빛과 소금으로 열심히 살라고 다 흩어 놨어요. 대부분 숨어 있는 것 같기도 하지만, 자기 위치에서 자리 잡고 나서 언젠가 서로 힘을 모아 나라와 한국 교회를 위해 일할 수 있으면 좋겠어요.

최종상 목사님은 한국 유학생뿐 아니라 중국에도 여러 차례 다니면서 중국 청년들을 위한 사역도 많이 하셨잖아요?

홍정길 네, 중국 사역도 신기하게 열렸지요. 제가 아마 중국에 3백 번은 오갔을 거예요. 중국 공안에서 왜 중국에 오느냐고 물을 때마다 감시를 피하고자 골동품을 사러 온다고 했어요. 그래서 갈 때마다 골동품을 몇 개씩 사야 했지요.

하지만 이때 주로 하던 일은 청년들에게 성경 공부를 가르치는 것이었어요. 3년 이상 다니며 학생들을 만나 전도하고 성경 공부를 가르쳤는데, 그간 가르친 학생이 약 3백여 명 됩니다. 그렇게 키워 온 친구들 대부분이 나중에 도시 교회를 세우고, 지도자들이 되었어요. 초기에 그 친구들한테 외국에 나가서 공부하고 싶으면 도와주겠다고 제안을 했어요. 그랬더니 여러 명이 미국, 한국, 싱가포르로 가서 유학했습니다. 돌아와서는 북경대학, 청화대학, 민족대학, 인민대학 등에서 교수가 되어 학생들을 가르쳤습니다. 목회자가 된 사람은 더 많아요. 그즈음 갑자기 세계가 열리고, 중국 경제가 발전되자 대도시에 대학들이 신설되면서 청년들이 도시로 몰려들었어요. 이럴 때 우리 제자들이 도시에서 교회를 시작했습니다. 원래 지하 교회였던 가정 교회가 1990년대 초부터 중국 정부의 교회 등록 정책으로 처소 교회가 되었는데 주로 농촌에서 시작된 데 비해 도시 교회는 주로 대도시를 중심으로 시작되었습니다.

도시 교회를 세운 친구들은 "중화인민공화국 공민은 종교 신앙의 자유를 가진다"는 중화인민공화국 헌법 제36조 하나만을 붙잡고, 당국에 신고한 후에 교회를 시작했어요.

문제가 생기면, 이들은 헌법에 '종교 신앙의 자유'가 명시되어 있지 않느냐고 항변하며 버텼습니다. 몇 달 동안 한 달에 일주일은 잡

허가서 학습을 받곤 했어요. 어떤 친구들은 십여 년 동안 주거 제한을 당하기도 했는데, 최근에 풀렸다고 하더군요. 이런 시련을 무릅쓰고 교회를 개척하기 시작했습니다. 도시 교회의 개척이 요원의 불길처럼 퍼져 나갔어요.

얼마 전까지 지성인들이 모이는 교회가 5천 개나 됐어요. 이게 보통 숫자가 아니에요. 이와 관련된 일들을 남서울은혜교회가 다 도왔습니다. 그때그때 주께서 보여 주시는 것만큼 일했습니다. 그래서 여기까지 온 거예요. 앞으로는 어디로 얼마큼 갈지 저도 몰라요.

목자가 양을 모르면
진정한 목자가 아니다

최종상 훌륭하고 유명하신 목사님들이 자신의 삶을 되돌아보면서 스스로 자신을 어떻게 평가하는가에 대해서 사람들의 관심이 많은 것 같습니다. 예를 들면, 언젠가 옥한흠 목사님이 "나는 실패한 목회자"라고 하셨다는 기사 제목이 보이더라고요. 어떤 맥락(context)에서 그렇게 말씀하셨을 텐데 말입니다.

언젠가 목사님이 하신 말씀이 "나는 가짜 목사였다"라는 제목으로 기사화된 적이 있지요. 목사님이 그동안 세계 선교와 한국 교회와 나라를 위해 얼마나 큰 사역을 해 오셨는데, 남들은 그런 것만 뽑아서 대단한 듯 또는 위로받듯 말하기도 합니다.

홍정길　미국에서 있었던 어느 목회자 모임에서 질문을 받고, 나는 목회에 실패한 목사라고 답한 적이 있어요. 왜냐면 저는 전도사도 못 해 봤고, 부목사도 못 해 봤는데, 학생 단체에서 전도하다가 교회를 처음 시작했기 때문에 목회가 뭔지 잘 몰랐어요.

그때 한 가지 서원을 했는데, 우리 성도들이 내 기도 없이는 하루를 시작하게 하지 않겠다는 것이었습니다. 그래서 새벽마다 교적부를 가지고 성도들을 위해 기도했는데, 하다 보니 가족들의 이름까지 다 외워졌습니다. 지금도 남서울교회 초창기 멤버들의 자녀 이름을 술술 외면 다들 깜짝 놀라곤 하죠.

그런데 5백 가정이 넘어가니 아침 9시가 되어도 기도가 안 끝나더라고요. 교인들이 늘어나면서 교회 일은 점점 많아지는데…. 그때부터 하나님께 서원한 약속을 못 지키게 되었으니 가짜 목사죠.

그래서 교회에 선포했어요.

"제가 이렇게 하나님과의 약속을 못 지켜서 얼굴을 들 수가 없다. 하지만 매일은 못해도 자주 하겠는데, 특히 천국 입성하는 마지막 임종 예배는 누가 어느 시간에 불러도 찾아가겠으니 전화해 달라!"

대개 새벽 2-3시에 전화가 많이 왔어요. 처음에는 너무 힘들어 내가 왜 방정맞게 그런 소리를 했는가 싶기도 했어요. 가서 임종 예배를 드리는데 다시 살아나서 집에 돌아온 적도 몇 번 있었습니다. 어떤 때는 같은 집에 두 번이나 가서 임종 예배를 드리다가 되돌아왔어요. 세 번째는 미안해서인지 부르지 않았는데, 얄궂게도 그때 돌아가신 일도 있었어요.

임종 예배를 드리러 다니면서 목회의 영광을 하나 발견했는데, 평생 주님을 섬기다가 주님 품에 안기는 마지막 송별 예배를 내가 인도할 수 있다는 사실에 감격했습니다. 하나님의 평화가 임해서 천사처럼 잠드는 모습을 보면, 내가 어쩌다가 이런 감격스러운 일을 하게 되었는가 하는 생각에 눈물이 쏟아져서 길가에 차를 세워 놓고 한참 울면서 찬송하다가 집에 간 적도 있어요.

목회하면서 느낀 제일 큰 마음의 고통은 성도들의 깊은 아픔에 대해서 모르는 것이 너무나 많다는 사실이에요. 이건 가짜입니다. 목자는 양을 알아야 합니다. 저는 다 모르잖아요. 사실, 1984년 런던에서 존 스토트 목사님으로부터 교인들을 일일이 잘 알지 못하면 진정한 목자가 아니라는 요한복음 10장의 설명을 듣고 저 스스로 '나는 가짜 목사구나'라고 생각했습니다. 그런데 미국에서 모였던 목회자 모임 때 목회적 측면에서 어떤 것에 실패했다고 생각하느냐는 질문이 있어 그 말을 했던 거예요.

최종상　방금 말씀하신 존 스토트 목사님이 목사님의 목회에 중요한 영향을 끼친 것으로 들었습니다.

홍정길　그렇습니다. 방금 말한 존 스토트 목사님과의 대화를 좀 더 말씀드리지요. 1984년 런던에서 존 스토트 목사님이 인도하시던 연구소의 3개월 과정을 다녔어요. 그때 개인적으로 만나 제 고민을 말씀드렸습니다. 처음 교회를 개척했을 때, 온 성도를 위해 기도하기로 서원했는데, 교인 수가 2천 명이 넘어가니까 개인적으로 기도해 줄 수 없어 안타깝다고 고민을 털어놓았지요. 그때 목사님이 아주 중요한 말씀을 해 주셨어요. 요한복음 10장은 목회 성명서(manifesto)인데, 핵심은 '목자는 양을 알고, 양은 목자의 음성을 듣는다', 즉 목자가 양을 모르면 진정한 목자가 아니고, 그런 가운데 하는 사역은 목회가 아니라 관리(management)에 불과하다는 말씀이었습니다. 저는 충격을 받았습니다. 동시에 주님이 성경과 존 스토트 목사님을 통해, 늘어나는 교인들을 잘 알지도 만나지도 못하는 데 대한 그간의 저의 고민과 기도에 대해 응답해 주셨다고 생각했어요. 주님이 말씀하셨으니 순종해야지요.

그래서 귀국한 다음에 바로 교회를 나누기 시작했어요. 박영선 목사, 김남수 목사, 정화영 목사, 박병은 목사 등에게 교회를 분리하여 각기 개척하게 했어요. 그 후 23개로 분리 개척했고, 1992년에는 저 자신이 남서울중동교회를 개척하여 나왔어요. 그러다가 1995년에 은혜교회와 합쳐서 남서울은혜교회가 되었지요. 남서울교회와 남서울은혜교회는 지금도 분리 개척을 하고 있습니다. 처음 분리 개척할 때, 교회를 그렇게 떼어 내도 교인 수가 줄지 않더라고요. 당시는 한국 교회가 전체적으로 막 성장할 때였어요. 숫자를 줄여서 성도들을 개인적으로 깊이 만나려고 했는데, 상황이 그렇게 잘 풀리지는 않았습니다.

어찌 보면 많은 한국 교회 목회자들이 영혼을 돌보는 목회보다는 일종의 교회 관리를 주로 합니다. 그래서 한 영혼, 한 영혼의 아픔을 잘 알지 못하잖아요. 평신도의 이야기를 충분히 들을 수도 없어요. 그래서 교회는 잘못하면 잘 조직된 종교 집단에 머물게 됩니다. 하나님이 성도들에게 주신 모든 자유로움이 원 없이 자라게 해야 하는데, 목회자의 편견이나 요구로 그 자유가 차단되는 경우가 너무나 많아요. 제자 훈련도 조심하지 않으면, 하나님 앞에서 자유로운 영혼으로 각자의 특성에 따라 자라나게 하기보다 공통의 정보와 지식을 전달하는 프로그램 수준에 머물러 똑같은 생각과 가치를 가진 성도들을 양산할 위험이 있습니다.

손에 쥔 것을 놓으면
더 많이 얻는다

최종상 목사님이 분리 개척의 원조(元祖)이신 것 같습니다. 요즈음은 대형 교회로 계속 몸을 불리기보다는 작게 나눠야겠다고 생각하는 목회자들이 늘고 있습니다. 여의도순복음교회가 조용기 목사님 은퇴 후 몇 개의 지교회로 분리되었고, 이찬수 목사님처럼 분리 개척시키려고 실제 행동으로 옮기는 분들도 있는데, 어떻게 생각하세요? 어떻게 해야 분리 개척이 가장 좋은 효과를 거둘 것 같습니까?

홍정길 　성도들을 인격적으로 만날 수 있는 적정한 숫자가 어느 정도인지는 저도 잘 모르겠어요. 목회자에 따라 다를 수도 있겠지요.

사랑의교회가 한국 교회사의 큰 아픔인데, 아직도 해결이 다 안 됐단 말이에요. 옛 예배당에서 모이던 성도 대표 몇 명이 조언을 구해 왔습니다. 제가 조언하는 대로 따라 하겠대요. 그래서 "3천 명이 나왔다니 1백 명씩을 나누십시오. 그러면 30개 그룹이 됩니다. 거기에 좋은 목사님을 한 분씩 붙여서 교회를 개척하세요"라고 했어요. 그분들이 목사님의 조언은 참 좋은 말씀이지만, 지금 옛 예배당으로 출석하는 성도들의 열기 때문에 그 말을 감히 입 밖에 낼 수 없다고 하더군요.

만약 그때 싸우던 에너지로 교회를 나누어 열심히 개척했으면, 얼마나 좋았을까 생각해요. 만 명이 한 교회에 모이는 것보다 천 명이 10개 교회로 모일 때, 개인적으로 만날 기회가 훨씬 더 많지 않겠어요? 5백 명으로 줄이면 성도와 성도 간에, 목회자와 성도 간에 더 자주 만날 수 있을 텐데…. 요즘은 교회 개척도 잘 안 되는데, 그렇게 했으면 얼마나 좋았을까 하는 아쉬움이 있습니다.

옥한흠 목사님을 기념하는 '은보포럼'에서는 좀 더 공개적으로 사랑의교회에서 나와 옛 예배당에서 따로 모이는 분들에게 30개로 나누면 좋겠다고 다시 한번 말했어요. 그들은 반응이 없는데, 이찬수 목사가 그 말을 받아서인지 모르지만, 지금 분당우리교회에서 30개 교회를 분리 개척하려는 작업을 하고 있잖아요. 밀알학교에서 열린 그날 포럼에서 이찬수 목사가 제일 앞자리에 앉아 있었어요. 그날은 아무 소리 않고 듣기만 했는데…. 참 좋은 생각이고, 믿음의 순종인데 교회가 잘 나누어지면 좋겠어요. 그 외에도 분리 개척을 생각하는 분들이 있는데, 웬만한 독심을 품지 않으면 힘들어요. 그래도 옳을 때는 옳은 대로 해 버리는 것이 정답이에요.

최종상　대형 교회가 지닌 장점도 있습니다만, 워낙 많은 사람이 모이다 보니까 그중에는 좀 더 편하게 숨어서 신앙생활 하려는 교인들이 많이 생겨나는 것 같습니다. 그러니 주님과 남을 섬기는 일에 쓰임 받지 못하고, 본인도 성장할 기회를 놓치는 것이 안타깝습니다.

　영국 교회가 급감하는 교세를 반등시키려고, 1990년대를 전도 집중의 10년(the Decade of Evangelism)으로 선포하고 전도에 매진했습니다. 하지만 안타깝게도 10년을 채우지 못하고 5-6년 후에 중단되고 말았어요. 그럼에도 불구하고, 전반부의 전도 결과 보고서가 나왔는데, 새로 개척된 작은 교회들이 기존 교회들보다 전도를 16배나 더 많이 했다고 합니다. 이런 면에서 볼 때도 중대형 교회들은 분리 개척을 진지하게 생각해 보는 것이 어떨까요?

홍정길　　그렇습니다. 전도하면 생명이 살아납니다. 몇 해 전, 전도
폭발의 첫 임상 발표를 할 때였어요. 옥한흠 목사님이 교회 프로그
램이 있어 인사만 하고 가겠다고 왔어요. 한 자매의 전도 보고가 끝
난 후, 옥 목사님이 밖으로 나가더라고요. 떠나는가 했는데 다시 들
어왔어요. 간증을 더 들으려고 교회 프로그램을 연기해 놓았대요.
세 사람의 전도 간증을 다 듣더니 또 나가요. 다시 들어오더니 끝까
지 참석하려고 교회 프로그램을 다른 사역자에게 맡겼다고 해요. 그
날 프로그램을 모두 끝내면서 옥 목사님한테 축도를 부탁했어요. 그
랬더니 축도에 앞서 일장 연설을 했어요.

"하나님 앞에 회개합니다. 성경을 읽고, 또 연구하고 설교하고 그
러면서도 내가 왜 힘이 없는가, 우리 성도들이 입만 살아있는 교인
이 되는 것 같아서 어떻게 벗어나게 할지 고민했는데, 오늘 그 답을
찾았습니다. 예수 그리스도를 증거하지 않는데, 무슨 힘이 생기겠습
니까? 목회자인 저부터 그걸 몰랐음을 회개합니다."

그날 진행자가 양승헌 목사였는데 6개월 후에 댈러스신학교로 유
학 가게 되어 있었어요. 옥 목사가 합신 제자였던 양 목사에게 "양승
헌, 너 유학 가기 전에 나를 전도하는 제자로 좀 키워 주라"고 부탁했
다고 합니다. 옥한흠은 그런 사람입니다.

그 후에 사랑의교회가 전도에 집중했어요. 그러자 교회가 힘을 얻

고 성장했어요. 전도하지 않으면 교회가 일종의 사교클럽처럼 되어가요. 이상하게 미국의 큰 교회들도 좋은 일하는 클럽들로 변해 가더라고요. 크다는 것 외에는 지나 놓고 보면 아무것도 아닌 경우가 많아요. 교회는 이 땅의 사람들이 성도들의 삶을 통해 예수 그리스도를 얼마나 볼 수 있는가로 평가되어야 합니다.

최종상　말씀하신 대로 옥한흠 목사님의 경우가 좋은 모범 사례입니다. 목회자가 전도 지향적으로 변화되면, 온 교회가 그렇게 될 가능성이 큽니다. 그래서 전도 중심적 목회, 전도 지향적 목회가 절실하다고 생각됩니다.

예수님이 "또 이 우리에 들지 아니한 다른 양들이 내게 있어 내가 인도하여야 할 터이니 그들도 내 음성을 듣고 한 무리가 되어 한 목자에게 있으리라"(요 10:16)라고 말씀하셨습니다.

사실 목회자들이 교회 안에 있는 성도들을 돌보는 것만도 얼마나 분주하겠어요? 그럼에도 불구하고 우리 밖에 있는 양들도 주님의 양으로 생각하고, 그들도 우리(교회) 안으로 들여와야겠다는 생각과 전략을 실천하면 좋겠습니다.

예수님과 사도 바울이야말로 철저히 전도 중심적이었다고 생각합니다. 어떻게 하면 우리 목회자들도 전도 중심적인 목회를 할 수 있겠습니까?

홍정길   어항에 든 물고기에만 주로 관심을 두다 보니 밖에서는 고기를 잘 낚질 못합니다. 물론, 목회가 다양하고 복잡한 측면이 있어서 불신자를 전도하기가 쉽지는 않습니다만 목회자가 짧은 시간이라도 정규적으로 전도하려고 스스로 훈련받아야 해요. 성도들과 함께하면 더 좋고요. 자신도 전도해야 하지만, 교회를 전도 중심적인 체질로 만드는 데 리더십을 활용하면 좋을 것 같습니다. 전도 폭발 같은 훈련을 교회 프로그램으로 활용한다든지…. 그러나 한편 생각하면 간단해요. 정말 그리스도의 보혈로 죄 씻음을 받아 하나님의 자녀 된 확신과 감격이 내게 있느냐가 확실하다면, 어떻게 예수님을 전하지 않을 수가 있겠어요?

최종상   어항 속에 있는 고기를 잘 돌보는 것을 목회나 사역으로 생각하는 경향이 많다는 목사님의 말씀을 들으니, 어떤 분의 말이 생각납니다. 주님은 우리를 사람 낚는 어부로 부르셨는데, 많은 목회자가 수족관 관리인으로 살아가고 있다고요.

전도 폭발을 시작한 제임스 케네디(James Kennedy) 목사의 말도 생각납니다. 사탄이 2천 년 동안 가장 성공한 전략이 있답니다. 목회자들에게 '나의 주 임무는 교회 안에 들어온 성도들을 목회적으로 돌보는 일'이라고 주입하고, 성도들에게는 '전도·선교는 전임 사역자들이 할 일'이라고 주입한다는 겁니다. 결과적으로, 열심 있는 극소수의 사역자들과 평신도들을 제외한 절대다수의 그리스도인이 전도하지 않기 때문에 세계 복음화가 지연될 수밖에 없다는 것이죠.

홍정길　한 사람을 하나님 앞에서 새로운 인생으로 태어나게 하는 사건 없이 진정한 목회가 되겠어요? 양육이 없는 교회는 존재할 수 있어도 전도가 없는 교회는 소멸하고 맙니다. 국내에서 복음을 전하는 감동과 열정이 있을 때, 비로소 해외 선교로 나아가게 되지요. 우리 세대가 물러나면서 전도가 약화되는 현상이 일어난 것 같아 안타깝습니다.

최종상　목회자들에게는 설교 준비뿐만 아니라 각종 회의, 행정, 인사, 재정 등의 일거리가 많습니다. 여기에 전도까지 하려면 여간 바쁘지 않을 것입니다. 시간은 24시간밖에 없는데, 어떻게 하면 이런저런 복잡한 일들을 지혜롭게 해낼 수 있을까요?

홍정길　첫째로, 목사가 평신도들을 양육하여 그들로 하여금 많은 일을 하게 하면 목회자에게 시간적 여유가 꽤 생길 수 있습니다. 우리 교회는 내년 목회 목표를 각 파트의 예산 담당 부서와 예산 집행 부서에 먼저 알려 줍니다. 그러면 거기에 맞춰서 모든 예산을 책정해요. 그리고 나면 재정부에서 예산안을 다시 한번 검토합니다. 그러고 나서 확정해요. 그 과정이 두 달 정도 걸리는데, 그 기간에 세심하면서도 심도 있게 토론합니다. 각 부서가 다 알아서 조율하는데,

담임 목사가 일일이 관여할 필요가 없어요. 마지막으로 목회자가 오케이 하면 그대로 집행하면 됩니다.

그러니 일일이 간섭하며 실권을 과시할 이유가 전혀 없죠. 위임해 주면 그들이 자라나고, 즐겁게 일해요. 그러면 목사는 아무런 실권도 없는가? 아닙니다. 목회자가 내년도 목회 계획을 먼저 정확하게 세우고, 거기에 따라 예산이 구성되면 목사가 처음 발의한 그대로 되는 것 아니겠어요? 무슨 실권이 더 필요해요? 다만 주님의 교회가 제대로 기능하는가만이 관심사이지요.

그렇게 위임하고 간섭을 안 하니까 제가 남북나눔운동을 하느라 많이 돌아다닐 수 있었고, 1년에 석 달 동안 KOSTA를 쫓아다니며 유학생들에게 복음을 전할 수 있었어요. 그래서 저는 목사님들이 일을 손에서 많이 놓아 버려야 한다고 생각해요. 물론, 교회마다 형편이 다르니까 일률적으로 적용할 수는 없을 것입니다.

아버지의 가르침은 묵직하다

최종상　국내외 후배 목회자와 선교사들에게 어떤 조언을 해 주시겠습니까?

홍정길　　제 아버님이 제가 목사 안수를 받은 날 밤에 제게 해 주신 말씀, 그래서 평생 가슴에 안았던 그 말씀으로 조언을 대신하겠습니다. 제가 총신을 졸업하고 목사 안수를 받으니까 아버님이 너무 감격스러워서 잠을 못 자겠다고 하면서 우시더라고요. 아버님이 우시는 걸 평생 처음 봤어요.

"내가 평생 장로로 목사님들을 섬기면서 내 아들은 이런 목사가 되었으면 좋겠다는 생각이 간밤에 너무 강하게 들어서 너에게 이야기한다."

"예. 말씀하십시오" 하고 제가 무릎을 탁 꿇었어요.

"목사님들은 하나님의 말씀을 증거하는 대언자다. 그런데 정작 본인은 진리를 대언한 대로 말로도 삶으로도 다 살아내지 못하는 연약한 인생이다. 진리의 말씀을 바르게 전한다고 하지만, 잘못 전하는 부분도 있기 마련이다. 그런데 지적을 받으면 분노하는 목사님들이 많더라. 잘못했다는 말을 못 하시더라. 그러나 잘못은 사과가 정답이다. 그걸 안 하면 변명인데, 그 변명은 또 다른 악을 조장하게 된다.

그러니 첫째, 너는 목회하면서 잘못한 일이 생기면, 특히 지적받는 일이 생기면 잘못했다고 사과하는 목사가 되기를 바란다. 둘째, 목사는 많은 사람에게 영적인 도움을 주는 게 사실이지만, 또 많은 도움을 받기도 한다. 그런데 도움을 받는 것에 너무 익숙해져서 그런지 감사하다고 말하는 목사님이 참 드물더라. 너는 작은 것에도 성도들에게 감사하는 목사가 되어라."

엄청난 말씀을 해 주실 줄 알았는데, 이렇게 딱 두 가지만 말씀해 주셨어요. 그런데 이것이 제 목회의 기본이 된 것 같아요. 설교를 했는데, 틀리게 해석했거나 잘못 인용했으면 다음 주일에 꼭 잘못을 시인했어요. 그러면 교인들이 막 웃어요. 몇 번을 그렇게 하니까 성도들이 '우리 목사님은 잘못했을 때는 잘못했다고 말한다'고 믿게 되었어요. 그러니 오히려 전하는 말씀을 더 잘 받아들이더라고요.

그런데 목회하다 보면 고집을 피워야 할 때가 있어요. 논리와 설명으로 해결되지 않고, 하나님의 특별한 부르심으로 알고 신앙적 결단으로 밀고 나가야 할 사안들이 있습니다. 그런데 그때마다 우리 교인들은 '우리 목사님은 잘못했을 때는 잘못했다고 하는데, 저렇게까지 고집하는 것을 보면 뭔가 있겠구나' 하고 생각하고, 이해가 잘 안 돼도 따라와 주곤 했어요. 40년 동안 큰 문제 없이 목회할 수 있었던 배경에는 아버님이 말씀해 주신 대로 잘못했을 때 잘못했다고 시인하는 태도가 있었다고 생각합니다. 어떤 분이 말하기를 "기독교의 성자는 죄짓지 않는 거룩한 사람이 아니라 자기 죄를 알고 자복하는 사람"이라고 그랬는데, 그 말이 맞는 것 같습니다.

그리고 "감사합니다"라는 인사를 정말로 많이 했죠. 저를 도와주거나 잘해 주는 사람들에게 진심을 담아 감사 표현을 하려고 노력하며 살았어요. 저는 "잘못했습니다"나 "감사합니다"가 하나님과 나 사이의 언어인 줄로만 알았는데, 성도들과도 자주 나누다 보니 하나님의 형통함이 부어지더군요. 제 언어생활의 중요한 뼈대는 이 두 마디로 형성되더라고요. 이것이 인생을 사는 데 얼마나 큰 축복인지 모릅니다.

하나님께 잘못했으면 "하나님, 용서해 주세요, 긍휼히 여겨 주세요"라고 하잖아요? 또 하나님이 은혜를 베풀어 주시면 "감사합니다"라고 하잖아요. 이것이 사람들과의 사이에서는 왜 기능을 제대로 못 하는 거죠? 그걸 제 아버지께서 깨우쳐 주셨어요. 초등학교도 못 나오시고, 신학교라고는 한 학기도 제대로 못 마치신 아버님이….

최종상　목사님의 아버님 말씀이 구체적이고 실질적이어서 놀랍습니다. 이어서 목사님, 목회자들에게 요구되는 가장 큰 덕목은 뭘까요?

홍정길　정직이에요. 실제로 정직해야 해요. 내가 나를 객관화하지 않으면, 자신의 잘못을 보지 못합니다. 저녁에 기도하다가 잘못한 것이 생각나잖아요? 그때 죄송하다고 말하는 용기를 달라고 기도해야 해요. 처음엔 그게 잘 안 돼요. 그리고 하나님이 은혜 주신 것에 감사드리는 것처럼 주변 사람들에게도 감사를 표하는 것이 정직입니다. 정직은 'sincerity'(진지함)와도 연결되고, 정의감과도 연결됩니다. 개념만의 정의 말고 실제가 있는 정의 말입니다.

늘 하는 말이지만 단어만 있고 실제가 없는 것은 어떤 것이든지 소리에 불과해요. (탁자 위에 놓인 컵을 들어 올리면서) 여기 있는 이 컵을 보고, 컵이라고 말하면 컵의 실제를 보게 됩니다. 만일 이 컵이 여기 없는데, 컵이라고 하면 그건 컵이라는 실체는 없고 소리만 있는 것이지요.

그래서 목사님들에게 설교할 때, 신학적인 개념을 가지고 말장난하지 말라고 조언하곤 합니다. 하나님 나라가 무엇인지 말로만 가르치면 안 됩니다. 하나님 나라가 우리에게 어떻게 임하고, 우리를 어떻게 다스리는가, 더 나아가 그 다스림에 우리는 어떻게 실제적으로 순종하며 반응할 것인가까지 가르쳐야 해요.

제자 훈련을 봐도 개념이 너무 많아요. 그러다 보니 지식 정보의 전달이 주류가 되고, 삶의 변화를 줄 자양분은 적을 수밖에 없지요. 실제가 있는 정직과 순종이 한국 교회에 필요한 것 같아요.

최종상 정직을 목회자에게 가장 중요한 덕목으로 꼽으셨는데, 그 정직은 또 겸손하고도 연결되지 않겠습니까?

홍정길 그렇지요. 겸손하지 않으면 정직하지 못해요. 겸손은 예수님의 가장 중요한 덕목이었지요. 외국에 나가 보면 한국 목회자들이 권위주의적이라고 생각하는 분들이 많은데, 목회자가 겸손하고 정직하다면 권위주의적일 수가 없어요. 오히려 영적 권위를 얻게 될 겁니다.

마찬가지로 정치 지도자들도 겸손해야 합니다. 겸손하다면, 앞서 언급한 독일의 경우처럼 다른 정권의 정책 중에서도 좋은 것은 가져다 쓸 수 있을 것입니다. 사람들은 겸손하고 정직한 지도자를 존경하고, 그런 사람에게 권위를 부여해 줍니다.

현장에 있어야
기적을 체험한다

최종상 전반적으로 한국 목회자들은 참으로 헌신된 분들이라 생각합니다. 그럼에도 불구하고 젊은 세대 목회자들 가운데 일부는 월급쟁이 노릇을 하는 현상이 두드러지고 있다고 들었습니다.

제가 사역하는 영국도 흡사한 경험을 했습니다. 영국 교회의 감소 원인 세 가지 중의 하나로 목회자의 안일함을 꼽습니다. 그 결과, 세계 선교를 주도하던 영국이 이제는 선교가 절실한 지역이 되었습니다. 그런 영국을 지켜본 선교사로서 저는 고국의 목회자들과 교회 풍토가 걱정됩니다. 이것에 대해선 어떻게 생각하시는지요?

홍정길 우리 시대에는 목회자가 목회뿐 아니라 무슨 일이든지 열심히 하지 않으면 안 되었어요. 제가 40대 때 세계에서 40대 사망률이 제일 높은 나라가 대한민국이었어요. 대학을 졸업하면 직업이나 직장이라는 것이 기껏 있어 봐야 공무원, 교사, 우체국, 은행, 철도청, 한국 전력 공사 등 그 정도였어요. 그러니 취직되면 밤낮을 모르고 일해야 했지요.

사실, 잘살지 못하다가 자유를 얻어서 열심히 노력하기만 하면 누구나 성공할 수 있던 사회 구조였기에 전 국민이 그렇게 열심히 달려들었던 것 같아요. 잘못된 방법이지만 학교 공부도 죽기 살기로 했잖아요. 지금 보니까 스마트폰 안에 모든 지식이 다 들어있는데, 왜 그렇게 외우려고 고생했는지 모르겠어요. 사고하는 능력을 키우는 것이 더 중요했는데….

목회자도 이 같은 사회 분위기를 따라 목회 현장에서 열심히 했어요. 새벽에 일어나서 기도하는 교회가 한국 말고 또 세계 어느 나라가 있어요? 그리고 목회는 '가사불고'(家事不考)라고 했지요. 집안일은 염려하지 않는다는 뜻입니다. 그래서인지 자녀를 잘 돌보지 못했어요. 이 땅에서 아이에게 하나님의 대리자는 아빠인데 말이에요. 대표적으로 제가 아빠 노릇을 잘 못했어요. 지금도 우리 아들들에게 제일 미안해요. 주님께 충성한다는 생각에 하나님이 제게 맡기신 아이들을 제대로 돌보지 못했어요. 제가 한 목회자 모임에서 이 이야기를 했더니, 어느 목사님이 울면서 그러더라고요. "목사님 가정도 그러셨군요. 제 아들은 저를 만나 주지도 않습니다." 그러면서 엉엉 우는데, 다른 목사들도 곳곳에서 눈물을 흘렸어요.

그 반대의 경우도 있어요. 함께 사역하던 젊은 목사들 중에서 목회적으로 급한 일이 터졌는데도 집에서 아내가 오라고 했다면서 먼저 가 버린 친구가 있었어요. 지체해도 되는 일과 할 수 없는 일을 분별해야 하는데, 그렇지 못한 거죠. "네 목회의 주인은 주님이시니 그분과 너 사이의 문제다. 나와 너 사이의 문제가 아니다. 그래야 내가 떠나도 네가 스스로 일을 하지, 나를 주인으로 여기고 따라다니면 별 볼 일 없게 되겠지" 하고 속으로 삭였어요.

요즈음은 주님에 대한 헌신이 부족한 목회자가 많아졌어요. 그런 탓에 헌신의 기쁨이 급격히 줄어들고 있어요. 그래서 감동이 없는 시대가 되고 있습니다. 주께서 지금 맡기신 일에 헌신적으로 최선을 다하는 사람, 매사를 그런 자세로 주님의 일을 하는 사역자들이 결국은 10-20년 후에 보면 동년배들보다 주님께 더 요긴하게 쓰임 받는 경우가 많습니다.

그래서 언제 한번 제가 지금까지 살아오면서 주님이 기적 같은 감동을 주신 사건들을 모아서 책을 써 보고 싶어요. 가만히 생각해 보니까 기적의 현장이 아닌 곳이 없었던 것 같아요. 나를 자랑하거나 남에게 약을 올리려는 것이 아니라 주님이 함께하신 손길을 간증하여 주님께 영광을 드리는 것이 마땅하다는 생각이 듭니다. 그래서 차차 정리 좀 해 보려고 합니다.

최종상 꼭 쓰셨으면 좋겠습니다. 하나님이 목사님을 통하여 함께 행하신 위대한 일들을 세상에 얼마나 알리고 싶어 하시겠어요? 그동안 하나님이 기도를 들으시고, 인도하시어 역사하신 일들을 기록하여 남기는 것은 누구에게나 필요한 일인 것 같습니다,

홍정길　그래서 현장이 필요한 것 같아요. 설명이나 설교보다 간증이 힘이 더 있습니다. 간증은 현장이니까 아무도 부인할 수 없잖아요. 사실, 자랑하는 것 같아 누르고 있었는데, 이제 떠날 때가 가까우니 하나님이 제게 행하신 모든 일을 알리고 기억하라고 하고 싶어요. 하나님도 신명기에 하나님이 함께하신 사건을 설명하고 기억하라는 말을 여러 번 하셨지요.

　얼마 전, 길을 걸으면서 10살 먹은 우리 손자에게 6.25 전쟁 때 어떻게 지냈는가를 얘기해 주었어요. 내가 10살 때 전쟁이 터졌거든요. 손자가 재미있게 듣더라고요. 그래서 아, 우리 손자를 위해서라도 기록으로 남길 정리를 해야겠다는 생각이 강하게 들었습니다.

"

하나님 앞에 회개합니다.

성경을 읽고, 또 연구하고 설교하고

그러면서도 내가 왜 힘이 없는가,

우리 성도들이 입만 살아있는

교인이 되는 것 같아서

어떻게 벗어나게 할지 고민했는데,

오늘 그 답을 찾았습니다.

예수 그리스도를 증거하지 않는데,

무슨 힘이 생기겠습니까?

목회자인 저부터 그걸 몰랐음을 회개합니다.

10. 코로나 사태는 위기인가 기회인가

목회적인 터치는
모든 영혼에 필요하다

최종상 목사님, 코로나가 전 세계적으로 경제, 사회, 심지어 정치까지 여러 분야에 영향을 끼쳤습니다만, 교회 생활, 신앙생활에도 엄청난 영향을 주고 있습니다.

코로나 시대를 분기점으로 하여 한국 교회가 분골쇄신해야 할 분야는 무엇인지 말씀해 주시겠습니까?

홍정길 이제까지 우리가 한 번도 접해 보지 못한 목회 환경을 맞이하게 되었습니다. 6.25 때는 숨어서라도 예배를 드렸어요. 제 목회 중에 교회에서 예배를 드리지 못했던 때가 기억에 없어요. 교회에서 예배하는 것이 신앙생활이라 여겼던 우리에게는 엄청난 충격이지요.

그런데 이미 그런 시대가 와 버렸습니다. 이미 와 버린 시대에 우리가 무슨 일을 어떻게 해야 할지는 교회가 준비해야 합니다. 소수가 모여 대면 예배를 드리기도 하지만, 모든 예배가 온라인으로 드려지는 것은 이미 일상화되지 않았습니까? 교회에 전자 설비를 갖추어야 하는 것은 기본이 된 시대가 오지 않았습니까? 정상적인 대면 예배를 드리지 못하고, 온라인으로 예배드려야 한다고 할지라도 하나님의 말씀을 어떻게 바르게 전하여 성도들의 삶으로 이어지는 생명의 양식이 되게 할 것인가가 관건입니다.

AI 시대에 끝까지 살아남을 직업 가운데 목사가 들어 있다는 기사를 보았어요. 맞게 본 것 같습니다. 목회적인 터치는 모든 영혼에 필요합니다. 신학교에서 공부한 것을 그대로 설교하며 목양하는 것이 아니라 부단히 구체적으로 적용해야 하듯이, 코로나 상황에서도 그런 노력을 계속해야 할 것 같아요. 예단할 수 없고 정답도 없는 상황이지만, 부단한 관심과 노력을 기울이고, 하나님께 지혜를 구해서 대처해 나가는 것이 필요하겠습니다.

두 가지는 절대 바뀌지 않는다는 사실은 분명합니다. 하나님은 안 바뀌셨어요. 또 사람도 안 바뀌었습니다. 성도들은 혼자 있는 시간이 길어지면서 외로움과 좌절을 더 크게 느끼게 될 겁니다. 그 공간은 하나님만이 채워 주실 수 있습니다. 이 외롭고 혼란한 시대에 하나님의 평화와 인도하심이 모든 영혼에 진정으로 필요하다는 의미입니다. 이것을 잊지 말았으면 좋겠습니다.

이런 때일수록, 첫째, 목사에게 복음의 메시지가 있어야 한다는 생각이 강해집니다. 목회를 잘할 수 있는 가장 중요한 원리가 무엇이냐고 누가 물으면, 저는 꼭 이렇게 되묻곤 하거든요.

"당신이 가진 복음으로 한 사람에게 전도해서 열매가 있는가? 하나가 없으면 열이 안 되고, 열이 없으면 백이 안 된다. 한꺼번에 백, 천, 만을 생각하지 마라. 한 영혼에게 줄 메시지를 갖고 있는가?"

우리 목회자들은 지금 이것을 점검해야 합니다. 아무리 열심히 설교해도 사람들은 자기 영혼의 깊은 곳에 있는 빈 공간을 채워 줄 메시지가 없으면, 그 설교를 안 들어요. 텔레비전에서 보고 들을 것이 얼마나 많습니까? 영혼을 흔들고, 마음을 채워 주는 메시지가 줄어드는 것이 오늘날 한국 교회가 감소해 가는 배경이에요. 요즘 찾기 어려운 설교가 전도 설교입니다. 목사님들이 전도 설교를 안 하고, 또 잘하지도 못해요. 예수께서 나를 구원해 주셨다는 것이 확실하면, 어떻게 고백적인 설교가 나오지 않을 수가 있어요?

두 번째, 다른 사람의 말을 경청하는 훈련을 해야 합니다. 목회자들은 말하는 훈련이 되어 있어요. 그런데 이제는 들어줘야 합니다. 자주 만날 수 없는 환경이 되었으니 전화 같은 것을 통해 개인적으로 많이 들어주는 것이 그들의 영혼을 하나님 앞에서 세워 주고, 하나님께로 인도하는 귀한 방법의 하나가 아닐까 싶어요.

세 번째, 성도들이 가정의 소중함을 알고, 가정을 회복하게끔 도와야 합니다. 가족이 시간을 함께 더 많이 보낼 수 있는 환경이 되지 않았습니까?

요새 다들 사업이 안 된다고 하니까 토털 홈 인테리어 기업인 한샘도 경제적으로 많이 어려울 줄 알았어요. 그래서 사장님한테 한샘도 요즘 어렵지 않느냐고 물었더니, 오히려 매출이 70% 정도 올랐다는 거예요. 가족들이 밖에 나가지 못하고 집에 있다 보니까 낡고 눈에 거슬리는 가구와 인테리어를 엄청나게 바꾼다고 하더군요.

특히 아빠들은 평소에 자녀들과 시간을 같이 보내거나 대화를 거의 못 나눴잖아요. 한다면 꾸중이나 했을까? 아이들도 학교와 학원을 돌고 집에 오면 서로 대화할 시간이나 상대가 없었어요. 그랬다가 코로나 시대에 집에서 가족들이 만나니까 부부 싸움도 하고, 부모와 자식 간에 갈등이 있을 수 있지만, 동시에 가정의 소중함과 질서를 경험하고 배우는 기회가 되기도 합니다. 교회가 이런 의미와 가치를 분명히 심어 줘야 할 시기인 것 같아요.

자유의 힘으로
돌파하라

최종상 코로나가 장기화되니까 어느 나라 할 것 없이 정부가 나서서 방역 지침을 세우고 시행하고 있습니다. 다 필요한 것이겠지만, 경제 활동을 위축시키고 국민의 자유를 제한하는 부작용도 있는데, 어떻게 생각하십니까?

홍정길 코로나 시대에 국가는 경제 활동을 통제하고, 국민은 경제적 어려움을 국가에 기대어 해결해 보려는 경향이 있는데, 저는 반대로 생각합니다. 우선, 성경이 말하는 정치 체제를 확립해야 합니다. 통제보다는 섬기는 정부가 되어야 할 것입니다. 한국 사회는 자유롭게 풀어 줘야 해요. 자원이 없는 나라이기 때문입니다. 우리 국토에서 생산되는 농산물은 기껏해야 25% 정도밖에는 충족이 안 돼요. 나머지는 다 외국에서 사 와야 합니다. 원자재를 많이 보유한 나라 치고 발전한 나라가 별로 없어요. 그것에 의존해 버리니까요.

우리는 아무것도 없으니까 죽어라 하고 노력해서 여기까지 왔어요. 경제 활동을 자유롭게 함으로써 얻은 것이에요. 그러니 어려운 때일수록 정치 체제가 경제 활동이나 사회 활동의 자유를 오히려 보장하고, 뒷받침해 주어 앞으로 나아가게끔 하면 우리 민족은 어떻게 해서든지 돌파하고 말 것입니다.

과거에 비해서 국가의 복지 정책은 많이 발전했어요. 세계에서 우리나라만큼 의료 보험 혜택을 잘 주는 나라가 거의 없습니다. 이렇게 많이 주는데, 수입원이 부족해요. 그것을 해결하려면 자유롭게 경제 활동을 하도록 놔 주면 돼요. 오히려 코로나 시대는 인구의 90%가 농업에 종사하던 사회에서 세계적으로 앞서는 산업국가를 이룬 우리의 저력을 다시 한 번 발휘할 기회가 되리라고 생각합니다.

최종상 앞으로 포스트 코로나 시대의 세계 질서는 어떻게 될 것으로 보시는지요? 또 장기화되는 코로나 상황에 대해 우리는 어떤 마음가짐을 가져야 할까요?

홍정길 앞으로 어떻게 될지 저도 모릅니다. 주님이 "내일 일을 위하여 염려하지 말라"(마 6:34)고 하셨으니 아무 염려도 안 합니다. 다만, 한국 교회가 주님의 인도하심 앞에 한 발짝씩만 나아갔으면 합니다. 그다음에 길을 열어 주시면 또 한 발짝만 나아가고요. 주시는 발걸음에 최선을 다하는 것이 중요합니다. 지금은 분명히 달릴 수 없는 시기인데, 달리는 신기한 법칙을 만들었다고 말하는 것은 일종의 사기라고 생각해요. 미래 세계를 진단하는 사람들이 말하는 것이 거의 대부분 "아니면 말고" 식이에요.

제 믿음은 '대한민국을 여기까지 인도하신 하나님이 과연 코로나 때문에 망하도록 내버려 두실까? 망하게 하시려면 6.25 때나 IMF

때 진작 망하게 하셨을 것이다'입니다. 지나고 보니 6.25 전쟁조차도 우리나라 발전에 필요했다는 생각이 듭니다. 아프고 쓰라리지만, 그래도 허무한 희생으로 끝나지 않고, 값비싼 희생을 바탕으로 여기까지 올 수 있었습니다. 또 IMF가 없었으면 우리나라 금융은 이렇게까지 발전할 수 없었을 것입니다. IMF가 마치 백신을 맞는 것처럼 경제 질서의 기저를 이루는 금융을 금융답게 만드는 지름길이 됐어요.

최종상　코로나 상황에도 불구하고, 한국 교회는 포스트 코로나 시대에 새로운 부흥의 기회를 마련할 수 있다고 말씀하셨는데, 새로운 부흥기를 맞으려면, 우리는 무엇을 어떻게 해야 할까요?

홍정길　새로운 부흥의 기회가 오리라고 저는 확신합니다. 왜냐면 한국 교회는 이보다 훨씬 더 어려운 시대를 신앙으로 이겨 왔어요. 그때보다는 지금이 훨씬 낫죠. 그런데도 이겨 내지 못한단 말입니까? 신학자이면서 역사가인 필립 샤프(Philip Schaff)가 "당신의 하나님은 너무 작다"고 말했습니다. 그리스도인이라면 우리 하나님을 작은 하나님으로 보이게 해서는 안 됩니다. 하나님의 위대함을 보여주어야 합니다.

　새로운 부흥기를 맞기 위해 교회가 먼저 해야 할 일은 회개하는 것입니다. 내 속에서 나쁜 것을 뽑아내면 좋은 사람이 될 수 있습니다. 입술의 회개가 아니라 심령의 회개로 하나님께 돌이키면 축복해 주신다고 약속하셨어요. 그리고 주신 은혜에 감사해야 합니다.

앞으로 코로나의 고통이 우리를 얼마나 더 힘들게 할지 모르지만, 이제까지 경험해 보지 못했던 우리의 새로운 일상은 지금까지 경험해 보지 못했던 하나님의 다른 면모를 배우고 경험하는 축복이 될 것입니다.

"

새로운 부흥의 기회가 오리라고

저는 확신합니다. 왜냐면 한국 교회는

이보다 훨씬 더 어려운 시대를 신앙으로

이겨 왔어요. 그때보다는 지금이 훨씬 낫죠.

그리스도인이라면 우리 하나님을

작은 하나님으로 보이게 해서는 안 됩니다.

하나님의 위대함을 보여 주어야 합니다.

11. 기대하고 소망하라

새 시대를 여는 열쇠는
순종이다

최종상　목사님은 주님을 따르고 섬기면서 80여 생을 달려오셨습니다. 일제 강점기에 태어나 해방을 맞이하셨고, 6.25 전쟁, 4.19 혁명, 5.16 군사정변, 산업화 시대, 민주화 시대를 쭉 살아오셨습니다. 어떤 면에서 볼 때, 우리 현대 역사의 산증인 중 한 분이십니다.

　목사님이 보실 때, 대한민국에는 어떤 미래가 도래할 것 같습니까? 대한민국의 미래를 어떻게 가꾸어 가야 할 것 같습니까?

홍정길　도래했으면 좋겠다는 것은 있는데, 어떤 나라가 될 것인가는 잘 몰라요. 멋진 환상을 주면, 실제가 아닌 경우가 많습니다. 바라기는 우리나라가 성경의 단순한 말씀에 구체적으로 순종하는 나라가 됐으면 좋겠습니다. 부유한 사람은 후히 주어 누리게 하신 하나님 앞에서 돈의 청지기로서 이웃에게 나누어 주며 살았으면 좋겠습니다.

우리나라는 자유 민주주의와 시장 경제 체제를 근간으로 삼고 있습니다. 이 자본주의 체제에서 돈을 번 사람들이 사회에서 어렵게 살아가는 분들에게 도움을 주어야 하는데, 먼저 우리 그리스도인들이 그 일을 해야 할 것입니다.

또 권력의 청지기, 능력의 청지기로서 남을 섬기며 살면, 그때 가장 아름다운 열매를 맺는 국가가 되지 않을까 생각합니다. 내 것으로 생각하니까 교만해지고, 그것 가지고 위세를 부리다가 타락합니다. 우리 민족에게 절실하게 필요한 건 청지기 의식이에요. 누구든지 내 것은 내 것이 아니요 하나님의 것이라는 마음 자세로 남을 배려하고 돕는 것이 필요해요.

특히 성도들이 이렇게 청지기로 살면서 하나님이 지으신 귀한 영혼들을 서로 섬긴다면 우리나라와 교회가 얼마나 아름다운 공동체가 되겠습니까? 성도들이 하나님을 따르면서 나라를 사랑하고 이웃을 섬긴다면, 분명 우리나라는 멋진 나라가 될 것입니다. 하나님은 성도들이 "악한 길에서 떠나 스스로 낮추고 기도하여 내 얼굴을 찾으면 내가 하늘에서 듣고 그들의 죄를 사하고 그들의 땅을 고쳐 주리라"고 말씀하셨습니다(대하 7:14). 그래서 저는 한국 교회 성도들이 회개하면서 자유 대한민국을 위해 기도하고 지키며 발전시킬 것으로 기대합니다. 성도들은 나라의 미래가 우리에게 달렸다는 인식을 해야 합니다. 이런 성도들이 있는 한 대한민국의 미래는 밝습니다. 하나님도 은총을 베풀어 주실 것입니다.

교회는 멋진 옷을 자랑하거나 자기 세력을 과시하러 오는 곳이 아니잖아요? 교회는 예수 안에서 동등하게 된 사람들이 모이는 공동체입니다. 성경 말씀에 순종하는 예수 제자들의 공동체입니다.

"너희는 유대인이나 헬라인이나 종이나 자유인이나 남자나 여자나 다 그리스도 예수 안에서 하나이니라"(갈 3:28).

윌리엄 윌버포스(William Wilberforce)는 이 말씀 한 구절에서 하나님의 마음을 읽었고, 그 말씀에 순종하여 영국에서 노예 무역과 노예 제도를 폐지하는 데 일생을 바쳐 결국 이루어 냈습니다. 그 정신이 에이브러햄 링컨에까지 이어져 거대한 역사를 만들어 냈단 말이죠. 노예 해방의 역사를 보십시오. 다들 노예는 있어야 한다고 생각하던 시대에 그걸 깨부수었습니다. 신학적으로 무슨 어마어마한 말씀이 아니었지만, 단순하면서도 분명한 하나님의 말씀에 순종함으로써 새 시대를 열 수 있었습니다.

그뿐 아닙니다. 교육을 보십시오. 우리는 매를 때리며 교육하던 시대를 접고, "너희 자녀를 노엽게 하지 말고 오직 주의 교훈과 훈계로 양육하라"(엡 6:4)는 하나님의 말씀을 좇아 오늘날 서구 교육 체제를 만들었어요. 이제는 교육이 정보 전달 중심으로 되어 가니까 사람을 사람답게 인격적으로 살게 할 사명을 교회가 감당해야 합니다.

말씀은 단순한 순종을 기대해요. 지고무상(至高無上)한 지혜와 합리적인 논리를 연구해 내지 못했다고, 하나님이 우리를 꾸중하시지는 않을 것입니다. 하지만 말씀을 읽고 이해했음에도 불구하고 불순종한 것에 대해서는 책임을 물으실 것입니다.

마지막으로
남기는 말

최종상 마지막으로 한국 교회 목회자들과 성도들에게 남기고 싶은 유언 같은 말씀이 있다면, 어떤 말씀을 주시겠습니까?

홍정길 "여호와를 자기 하나님으로 삼은 나라 곧 하나님의 기업으로 선택된 백성은 복이 있도다"(시 33:12)라고 했습니다. 시편 기자는 다시 반복했습니다. "여호와를 자기 하나님으로 삼는 백성은 복이 있도다"(시 144:15). 이 중요한 말씀을 사모하면 좋겠습니다. 우리 하나님은 아브라함의 하나님이시고, 이삭의 하나님이시고, 야곱의 하나님이십니다. 신앙이 대를 이어 지속되어 하나님의 백성으로 사는 이 축복을 사모한다면, 우리 가족도 살고 교회도 살고 이 나라도 살고 세계도 살리는 원천 에너지가 솟아날 줄로 저는 확신합니다.

하나님이 우리 민족을 축복하셔서 여기까지 인도해 주셨습니다. 한국 교회에 부족한 면이 많지만, 목회자들과 성도들이 심기일전하여 주님과 나라를 사랑하고, 주님의 복음을 전하며 일상에서 소금과 빛으로 살아간다면 한국 교회의 미래도 밝을 것입니다.

최종상　　목사님, 긴 시간 동안 좋은 말씀을 해 주셔서 대단히 감사합니다. 그동안 목사님이 살아오신 삶이 한국 교회에 축복입니다. 이제껏 드려 오신 기도들, 특히 우리나라와 북녘과 세계를 가슴에 품고 해 오신 기도들이 다 이루어지길 기원합니다.

앞으로도 계속 건강하시고, 사모님과 두 아드님, 자부들과 손주들 모두 평안하시기를 바랍니다. 그동안 길렀던 많은 제자 목사님들과 성도님들을 통해, 특히 이번에 나누어 주신 귀한 대담 내용을 읽는 독자들을 통해 한국 교회와 대한민국이 강건해져서 복음과 사랑으로 세계에 복을 전하는 축복이 계속되길 기원합니다. 목사님, 감사합니다.

홍정길　　너무 수고하셨어요. 감사합니다.

하나님께
감사와 찬송과 영광을

최종상　목사님, 마지막으로 우리나라를 위해 잠시 기도해 주시겠습니까?

홍정길　주님, 감사합니다. 참 기적 같습니다. 어떻게 이 나라에 복음이 들어오게 해 주셨습니까? 또 나라가 망했는데, 망할 뿐 아니라 침략을 당한 식민지였는데, 다시 독립을 주셨습니까? 감사와 찬송과 영광을 돌립니다.

그것으로 끝나지 않고, 독립하면서 당시 세계에서 가장 큰 세력이었던 공산주의에 둘러싸인 이 작은 나라에 자유 민주주의를 선물로 주셨으니 감사와 찬송과 영광을 돌립니다.

이승만 대통령 한 사람을 고통 중에서 훈련시켜 주셔서 볼 것을 보게 하시고, 들을 것을 듣게 해 주시어 하나님이 보여 주신 방향대로 국가의 미래를 보고, 자유 민주주의를 시작하게 해 주셨음에 감격하며 감사를 드립니다.

또 감사한 것은, 대한민국 건국 3년이 채 못 되어 공산주의 세력이 작당해서 이 나라마저 공산화하려고 거대한 힘으로 이 나라를 공격해 왔을 때, 하나님의 형상인 자유를 말살시키고, 하나님이 우리에게 주신 자유 민주주의를 박탈하려고 할 때, 하나님은 UN을 만들게 하시더니 16개국 젊은이들을 모아 보내 주셔서 이 땅에서 숭고한 피를 흘리게 하셨습니다. 그로써 우리가 자유를 계속 누릴 수 있게 해 주셨으니 감사합니다.

5천 년 동안 너무도 가난한 나라였습니다. 전 국민의 60-70%가 노비인 노예 국가였습니다. 주님, 그런데 주께서 종이나 자유자나 차별이 없다는 엄청난 선언으로 우리를 비참한 자리에서 일어나게 해 주셨습니다. 이제는 누가 양반이고 상놈인지 노비였는지도 모르고, 모든 국민이 동등하게 사는 나라가 되었습니다. 그 짧은 기간에 이렇게 놀라운 변화를 허락해 주셔서 감사합니다.

생각해 보면, 감사한 것으로 가득 찬 축복된 인생을 살아갑니다. 이렇게 많은 그리스도인을 이 땅에 허락해 주시고, 또 주께서 세계 역사에 유례가 없는 기적적인 경제 부흥과 문화 발전과 사회 안정을 이루게 하셨으니 감사합니다. 작고 가난한 나라를 이토록 놀랍게 변모시켜 주셨습니다.

모든 산천이 헐벗어서 나무 한 그루 없던 이 나라가 이제 어디든 지 금수강산을 이루고 있고, 지극히 작은 산골을 가도 아름답게 길이 나 있습니다. 아름답게 가꿔진 이 나라를 보노라면, '이것이 우리가 사는 나라인가' 하고 감격하지 않을 수 없습니다. 이런 나라로 세워 주심에 무한한 감사를 드립니다.

주님, 원하옵기는 주께서 우리나라에 주신 축복을 우리가 잊지 않도록 도와주옵소서. 감사 위에 더 넘치는 감사를 주시는 주님, 이 나라가 감사하는 민족이 되게 도와주시고, 우리 속에 하나님의 말씀에 불순종하는 죄악을 회개하여 하나님의 용서를 받게 하시고, 그리스도의 보배로운 피의 씻김을 받아서 아름다운 생애로 살아가게 하옵소서.

성도들의 삶이 달라질 때, 만물이 허무한 데 굴복하는 것을 싫어하고, 하나님 자녀의 영광인 자유에 이르러 만물의 영장인 사람이 영광을 회복하는 것을 온 만물이 즐긴다고 하였으니, 우리가 하나님 앞에 바로 서면 이 지구도 온전하게 돌아갈 줄로 믿습니다. 주님, 이 나라가 그것에 선봉이 되어서 믿음으로 아름답게 돌진해 나가는 축복을 주옵소서.

주님의 때에 주님의 방법으로, 이 민족에게 통일을 허락해 주시고, 자유와 번영이 지속되는 아름다운 나라로 이끌어 주옵소서. "여호와를 자기 하나님으로 삼는 백성은 복이 있도다"(시 144:15)라고 하셨사오니 온 민족이 주님을 우리 하나님으로 삼는 축복을 허락해 주옵소서. 그리하여 한국 교회가 경성하여 하나님과 이 민족과 세계를 계속 섬기게 인도하여 주옵소서.

함께해 주심을 믿고 감사하오며, 우리 주 예수 그리스도의 이름으로 기도합니다. 아멘.